JN362890

여행의 기술

여행의 기술

The Art of Travel

알랭 드 보통
정영목 옮김

청미래

THE ART OF TRAVEL

by Alain de Botton

역자 정영목

서울대학교 영문학과를 졸업하고 동대학원을 졸업했다. 현재 이화여자대학교 통번역대학원 교수로 재직하며 전문 번역가로 활동하고 있다. 지은 책으로 『완전한 번역에서 완전한 언어로』, 『소설이 국경을 건너는 방법』이 있고, 도서출판 청미래에서 번역, 출간한 책으로는 『왜 나는 너를 사랑하는가』, 『공항에서 일주일을』, 『슬픔이 주는 기쁨』, 『행복의 건축』 등이 있다.

여행의 기술

저자 / 알랭 드 보통

역자 / 정영목

발행처 / 도서출판 청미래

발행인 / 김실

주소 / 서울시 용산구 서빙고로 67, 파크타워 103동 1003호

전화 / 02 · 739 · 1661

팩시밀리 / 02 · 723 · 4591

홈페이지 / www.cheongmirae.co.kr

전자우편 / cheongmirae@hotmail.com

등록번호 / 1-2623

등록일 / 2000. 1. 18

초판 1쇄 발행일 / 2011. 12. 10

제2판 1쇄 발행일 / 2025. 6. 12

2쇄 발행일 / 2025. 10. 20

값 / 뒤표지에 쓰여 있음

ISBN 979-11-990205-0-4 03840

미셸 허치슨에게

차례

출발

동기

풍경

예술

귀환

부록

출발

I

기대에 대하여

장소: 런던 해머스미스, 바베이도스

안내자: J. K. 위스망스

1

언제 겨울이 왔을까? 계절은 사람이 나이를 먹어가듯이 서서히 쇠퇴해갔다. 하루하루의 변화는 눈에 띄지 않았지만, 어느새 겨울은 가혹한 현실로 자리를 잡았다. 처음에는 저녁에 기온이 좀 내려가는가 싶더니, 며칠 동안 계속 비가 오고, 대서양에서 온 바람이 제멋대로 불고, 습도가 높아지고, 나뭇잎이 떨어지고, 결국 서머타임으로 당겼던 시간을 다시 늦추게 되었다. 그래도 이따금씩 유예의 순간들이 있었다. 외투 없이 집을 나서다가 구름 한 점 없이 밝게 빛나는 하늘을 볼 수 있는 아침이 그런 순간이었다. 그러나 이런 아침은 이미 시한부의 삶을 선고받은 환자에게 나타나는 거짓 회복의 징후와 같았다. 12월이 되자 새로운 계절은 확고하게 뿌리를 내렸다. 거의 매일 불길한 느낌을 주는 강철 빛깔의 회색 하늘이 도시를 덮었다. 르네상스 시대의 이탈리아 화가인 만테냐나 베로네세의 그림에 나오는 하늘 같았다. 그리스도의 십자가 처형의 완벽한 배경이 될 만한 하늘이었다. 아니면 침대에서 종일 뭉그적대는 날의 배경이 되거나. 동네 공원은 황량하게 진창으로 뒤덮였고, 밤이면 그 위로 빗물이 얼룩지는 가로등 불이 밝혀졌다. 비가 억수로 퍼붓던 어느 날 저녁 공원 옆을 지나다가 지난여름 더위가 한창일 때 땅에 드러누워 신발을 벗고 맨발로 풀잎을 쓰다듬던 기억이 났다. 그렇게 땅과 직접 접촉하자 왠지 마음도 자유롭고 느긋해지는 것 같았다.

여름은 실내와 실외 사이의 일반적인 장벽을 부수어, 나는 세상 속에서도 내 방에 있는 것 같은 편안함을 느낄 수 있었다.

그러나 이제 공원은 다시 낯설어졌다. 쉴 새 없이 내리는 비로 풀밭은 금단의 영역이 되었다. 도시의 가로등에 오렌지 빛으로 물드는 낮은 하늘 아래로 비에 젖은 검붉은 벽돌 건물들과 마주치자, 잠복해 있던 슬픔이, 행복을 찾거나 이해를 받는 것은 도저히 불가능한 일이라는 회의가 물 만난 고기처럼 기승을 부리기 시작했다.

이런 기후적인 조건에 이 무렵 일어난 일련의 사건들(매일 아침 두꺼비 한 마리를 삼켜야만 하루 종일 그보다 더 역겨운 일을 당하지 않을 수 있다는 18세기 프랑스의 극작가 샹포르의 격언을 확인시켜준 사건들)이 겹쳐지면서, 나는 어느 늦은 오후에 날아온 광고지에 민감하게 반응하게 되었다. 그것은 화려한 사진들이 수록된, "겨울 태양"이라는 제목의 커다란 팸플릿이었다. 팸플릿 표지에는 한 줄로 늘어선 야자나무들이 보였다. 많은 나무들이 한쪽으로 기울어져 있었다. 야자나무들이 자라는 곳은 에메랄드 빛 바닷가 모래 해변이었다. 해변 너머로 보이는 산에 들어가면 폭포를 만날 것 같았고, 달콤한 향기가 나는 과일나무 그늘에서 더위를 피해 쉴 수 있을 것 같았다. 팸플릿의 사진들을 보자 윌리엄 호지스가 쿡 선장과 함께 여행을 가서 그려온 타히티 그림들이 떠올랐다. 호지스의 그림에서는 부드러운 저녁 빛

윌리엄 호지스, 「다시 찾은 타히티」, 1776년.

이 감도는 열대의 석호潟湖를 볼 수 있다. 울창한 잎들 사이에서는 타히티의 소녀들이 미소를머금고 아무런 근심 없이 (맨발로) 뛰놀고 있다. 1776년의 매서운 겨울에 런던 왕립 아카데미에 처음 전시된 호지스의 그림들은 경이와 갈망을 불러일으켰으며, 그 이후에도 여기 "겨울 태양"에 실린 사진들을 포함하여 열대의 목가적 풍경을 묘사한 사진이나 그림의 전범 역할을 해왔다.

이 팸플릿을 만든 사람들은 어두운 직관을 통해서, 야자나무, 맑은 하늘, 하얀 해변을 보여주는 노출 과다의 사진들, 지성을 모욕하고 자유의지를 무너뜨리는 힘을 지닌 이런 사진들에 사람들이 쉽게 현혹된다는 사실을 잘 알고 있었다. 삶의 다른 영역에서라면 회의와 신중함을 자랑할 만한 사람들도 이런 요소들과 마주치면 원시적인 순수와 낙관의 상태로 돌아가고 말았다. 실제로 사람들은 이런 팸플릿만 보고도 강한 갈망을 느낄 수 있었는데, 사람의 계획이 (심지어 인생 전체도) 아주 단순하고 어설픈 행복의 이미지로부터 영향을 받을 수 있다는 사실을 보여주는 하나의 예, 감동적이면서도 진부한 예였다. 또 가계에 파탄을 일으킬 정도로 돈이 많이 드는 긴 여행이 열대의 바람에 살짝 기울어진 야자나무 사진 한 장으로부터 시작될 수도 있다는 것을 보여주는 하나의 예이기도 했다.

나는 바베이도스 섬으로 떠나기로 결심했다.

2

행복을 찾는 일이 우리의 삶을 지배한다면, 여행은 그 일의 역동성—그 열의에서부터 역설에 이르기까지—을 그 어떤 활동보다 풍부하게 드러내준다. 여행은 비록 모호한 방식이기는 하지만, 일과 생존투쟁의 제약을 받지 않는 삶이 어떤 것인지를 보여준다. 그럼에도 여행에서 철학적인 문제들, 즉 실용적인 영역을 넘어서는 사고를 요구하는 쟁점들이 제기된다고 생각하는 사람은 드물다. 여행할 **장소**에 대한 조언은 어디에나 널려 있지만, 우리가 가야 하는 **이유**와 가는 **방법**에 대한 이야기는 듣기 힘들다. 그러나 실제로 여행의 기술은 그렇게 간단하지도 않고 또 그렇게 사소하지도 않은 수많은 문제들과 자연스럽게 연결된다. 또 여행을 연구하게 되면 그리스 철학자들이 에우다이모니아eudaimonia라는 아름다운 이름으로 불렀던 것, 즉 "인간적 번영"을 이해하는 데에도 대단치는 않지만 도움을 얻을 수 있을지도 모른다.

3

늘 제기되는 한 가지 문제는 여행에 대한 기대와 그 현실 사이의 관계이다. 나는 1884년에 출간된 J. K. 위스망스의 소설 『거꾸로』를 발견했다. 이 작품의 퇴폐적이고 염세적인 주인공인 귀족 데제생트 공작은 런던 여행을 기대하면서, 그 과정에서 우리가 어떤 장소를 상상하는 것과 실제로 그곳에 도착했을 때 일어날 수 있는 일 사이의 차이에 대해서 매우 염세적인 분석을 내놓는다.

위스망스는 데제생트 공작이 파리 교외의 드넓은 별장에서 혼자 산다고 이야기한다. 그는 다른 사람들의 추하고 어리석은 모습과 마주치고 싶지 않아 좀처럼 나다니는 법이 없다. 젊은 시절의 어느 날 오후 그는 과감하게 몇 시간 동안 근처 시골 마을에 나가본 적이 있었는데, 그로 인해서 사람들에 대한 혐오는 더욱 강해졌다. 이후로 그는 서재의 침대에서 홀로 지내며, 고전 문헌들을 섭렵하고 인간을 신랄하게 비난하는 생각들을 머릿속에서 반죽했다. 그러나 어느 날 이른 아침 런던을 여행하고 싶은 강렬한 욕망이 치솟는 바람에 스스로도 놀라게 된다. 그런 욕망은 난롯가에 앉아 디킨스를 읽고 있을 때 찾아왔다. 그 책을 읽자 영국인의 삶의 모습들이 떠올랐으며, 한참 그 생각을 하다 보니 직접 보고 싶은 마음이 강렬해지기 시작했다. 그는 들뜬 마음을 억누를 수 없어 하인들에게 짐을 꾸리라고 명령하고, 회색 트위드 양복, 레이스가 달린 앵클 부츠, 작은 중산모, 파란 바탕에 담황색이 섞인 소매 대신에 케이프가 달린 외투 차림으로 다음 기차에 올라타 파리로 갔다. 런던으로 출발하기 전에 시간이 좀 남았기 때문에 그는 리볼리 거리에 있는 갈리

냐니 영어 책방에 들러 카를 베데커*의 『런던 안내』를 한 권 샀다. 데제생트는 그 책에 간결하게 묘사된 런던의 볼거리를 읽으며 달콤한 백일몽에 빠져들었다. 이어 그는 영국인 단골들이 즐겨 찾는 근처의 포도주 주점으로 자리를 옮겼다. 주점의 분위기는 디킨스의 소설에 나온 그대로였다. 그는 리틀 도릿, 도라 커퍼필드, 톰 핀의 누이 루스가 주점 안과 비슷한 아늑하고 밝은 방에 앉아 있는 장면들을 생각했다. 한 손님은 위크필드 씨처럼 머리가 하얗고 혈색이 불그레했으며, 거기에 털킹혼 씨의 날카롭고 표정 없는 이목구비와 냉혹한 눈길을 갖추고 있었다.**

배가 고파진 데제생트는 암스테르담 거리의 가르 생 라자르 근처에 있는 영국 선술집으로 갔다. 안은 어두침침하고 연기가 가득했다. 바이올린 같은 갈색의 햄과 붉은 납 색깔의 갯가재가 널려 있는 카운터를 따라 맥주 펌프 손잡이가 한 줄로 늘어서 있었다. 작은 나무 탁자에는 건강해 보이는 영국 여자들이 앉아 있었다. 그녀들의 얼굴은 소녀 같은 느낌을 주었으며, 치아는 팔레트 나이프처럼 컸고, 뺨은 사과처럼 붉었으며, 손과

* 1801–1859. 독일의 출판업자. 여행 전문 서적인 "라인 여행" 시리즈로 대중 여행 시대를 열었다. 이하 각주는 모두 역주이다.

** 사람들의 이름은 모두 디킨스 소설의 등장인물로, 리틀 도릿은 『리틀 도릿(*Little Dorrit*)』, 도라 커퍼필드와 위크필드 씨는 『데이비드 커퍼필드(*David Copperfield*)』, 톰 핀치와 루스는 『마틴 처즐위트(*Martin Chuzzlewit*)』, 털킹혼 씨는 『황폐한 집(*Bleak House*)』에 나온다.

발은 컸다. 데제생트는 빈 탁자 하나를 발견하고 쇠꼬리 수프, 훈제 대구, 구운 쇠고기와 감자, 맥주 2파인트, 스틸턴 치즈 한 덩어리를 주문했다.

그러나 기차 시간이 다가오면서, 그와 더불어 런던에 대한 꿈이 현실로 바뀔 시간도 다가오면서, 데제생트는 권태에 사로잡혔다. 실제로 여행을 하면 얼마나 피곤할까. 역까지 달려가야 하고, 짐꾼을 차지하려고 다투어야 하고, 기차에 올라타야 하고, 익숙하지 않은 침대에 누워야 하고, 줄을 서야 하고, 약한 몸에 추위를 느껴가며 베데커가 그렇게 간결하게 묘사한 볼거리들을 찾아 움직여야 하고……. 그렇게 그의 꿈들은 더럽혀졌다. "의자에 앉아서도 아주 멋진 여행을 할 수 있는데 구태여 직접 다닐 필요가 뭐가 있는가? 런던의 냄새, 날씨, 시민, 음식, 심지어 나이프와 포크까지 다 주위에 있으니, 나는 이미 런던에 와 있는 것 아닌가? 거기 가서 새로운 실망감 외에 무엇을 발견할 수 있단 말인가?" 데제생트는 탁자에 앉은 채 생각했다. "나의 유순한 상상력이 알아서 가져다 바치는 광경들을 거부하고 늙은 멍텅구리들처럼 해외여행이 필요하고, 재미있고, 유용할 것이라고 믿다니, 내 정신이 잠시 착란을 일으켰던 것이 분명하다."

그래서 데제생트는 계산을 하고 선술집을 떠나, 트렁크, 짐 보따리, 대형 여행 가방, 바닥깔개, 우산, 지팡이와 더불어 그의 별장으로 돌아가는 첫 기차에 올라탔다. 그리고 두 번 다시 집을 떠나지 않았다.

4

우리는 여행의 현실이 우리가 기대한 것이 아니라는 생각에 익숙하다. 물론 비관주의자들—데제생트가 명예 후원자 노릇을 할지도 모른다—은 현실이 반드시 실망스럽다고 주장한다. 그러나 일단 현실은 기대와는 다르다고 이야기하는 것이 진실에 좀더 가까울 수 있고, 또 좀더 보람도 있을지 모르겠다.

나는 두 달간의 기대 끝에 구름 한 점 없는 2월의 늦은 오후에 나의 여행 친구인 M과 함께 바베이도스의 그랜틀리 애덤스 공항에 착륙했다. 비행기에서부터 야트막한 공항 건물까지는 짧은 거리였지만, 기후의 급격한 변화를 인식하지 못할 만큼 짧지는 않았다. 나는 불과 몇 시간 만에 열기와 습기 속으로 들어온 것이다. 이것은 고국에서라면 다섯 달은 더 기다려야만 느껴볼 수 있는 것이었지만, 한여름이 되어도 그곳에서는 이 정도의 강렬함을 결코 맛볼 수 없었다.

내가 상상한 대로인 것은 아무것도 없었다. 그러나 이 말에 놀라기 전에, 그동안 내가 무엇을 상상했는지 먼저 생각해보아야만 한다. 지난 몇 주일 동안 이 섬에 대한 나의 생각은 광고

팸플릿과 비행 시간표를 읽는 동안에 짜맞추어진 세 가지 고정된 이미지의 주위만 맴돌고 있었다. 첫 번째는 석양을 배경으로 야자나무가 서 있는 해변의 이미지였다. 두 번째는 좌우로 열리는 유리문을 통하여 나무 바닥과 하얀 침대가 들여다보이는 호텔 방갈로의 이미지였다. 세 번째는 담청색 하늘의 이미지였다.

만일 누군가 강요를 했다면 이 섬에 다른 요소들도 포함될 수밖에 없다는 점을 당연히 인정했겠지만, 이 섬에 대한 나의 인상이 형성되는 데에는 그런 요소들이 필요하지 않았다. 나는 배경에 떡갈나무 가지나 도리스 양식의 기둥이 그려져 있는 것만 보고도 그 무대가 로빈 후드의 근거지인 셔우드 숲이나 고대 로마라고 바로 상상해버리는 관객과 마찬가지였다.

그러나 막상 도착해보니 수많은 것들이 자신들 역시 바베이도스라는 말의 울타리 안에 포함될 자격이 있다고 우기고 나서기 시작했다. 노란색과 녹색이 섞인 '브리티시 석유' 로고로 장식된 커다란 석유 보관시설이나, 말끔한 갈색 양복을 입은 입국 심사원이 들어가 앉아 있는 작은 합판 초소가 그런 예였다. 초소 안의 심사원은 호기심을 드러내며 급할 것 없다는 표정으로 터미널에서 활주로 가장자리까지 줄을 서기 시작하는 관광객들의 여권을 물끄러미 들여다보았다. 마치 도서관 서고에서 원고를 훑어보는 학자 같았다. 수하물을 찾는 컨베이어 장치에는 럼주 광고가 붙어 있고, 세관 복도에는 총리의 사진이 걸려 있고, 입국장에는 환전소가 있고, 터미널 건물 바깥에는 택시 운전사와 여행 안내원들이 모여 혼잡을 이루고 있었다. 이런 풍부한 이미지들에 문제가 하나 있다면, 묘하게도 그런 것들 때문에 내가 찾으러 온 바베이도스를 보는 것이 더 어려워졌다는 것이다.

나의 기대 속에서 공항과 호텔 사이에는 진공밖에 없었다. 내 마음속에서 항공사의 여행 일정표의 마지막 줄(박자도 아름다운 "15 : 35 BA2155 도착"이라는 말)과 호텔 방 사이에는 아무것도 존재하지 않았다. 그러나 내가 상상하지 않았던 것들이 나타났고, 나는 그것에 저항하고 있었다. 가장자리가 닳아빠진 고무 매트가 깔린 컨베이어 벨트, 꽁초가 잔뜩 쌓인 재떨이 위에서 춤을 추는 파리 두 마리, 입국장 안에서 돌아가는 거대한 선풍기, 계기판에 가짜 표범 가죽이 덮인 하얀 택시, 공항 너머로 펼쳐진 황무지에서 길을 잃은 개 한 마리, 로터리의 "호화 콘도" 광고, 바르닥 전자라는 이름이 붙은 공장, 빨간색과 녹색 함석지붕을 머리에 이고 한 줄로 서 있는 건물들, "폴크스바겐, 볼프스부르크"라는 글자들이 아주 작게 인쇄된 차 중앙 기둥의 고무 손잡이, 이름을 알 수 없는 화려한 색깔의 덤불, 6개 지역의 시간을 보여주는 시계와 두 달이나 지난 성탄절 카드가 걸려 있는 호텔 접수대. 도착하고 나서 몇 시간 뒤에야 나는 내가 상상하던 방과 결합하게 되었다. 물론 내 머릿속에는 방 안의 거대한 냉방장치나 욕실의 이미지는 들어 있지 않았다. 욕실은 결과적으로 환영할 만한 것이었는데, 안의 벽에는 포마이카 판벽들이 덮여 있었으며 물을 낭비하지 말라는 엄한 경고문도 걸려 있었다.

우리는 이 세상에 우리가 기대하는 것 외에도 많은 것들이 있다는 사실을 흔히 잊곤 하는데, 이 점에 대해서는 아마 예술 작품에도 얼마간 책임을 물을 수 있을 것이다. 예술 작품에서도 상상의 경우와 마찬가지로 단순화와 선택이 이루어진다. 예술적인 이야기들은 현실이 우리에게 강제하는 것들을 뭉텅 생략해버린다. 예를 들면 기행문에서 화자는 오후 내내 여행을 하여 X라는 산 위의 작은 도시에 도착했고, 그곳의 중세 수도원에서 하룻밤을 보낸 뒤에 눈을 떠보니 아침 안개가 끼어 있었다고 이야기한다. 그러나 우리는 결코 "오후 내내 여행할" 수 없다. 우리는 기차에 앉는다. 배 속에서는 점심에 먹은 것이 잘 내려가지 않는다. 좌석 덮개는 회색이다. 창문 밖으로 들판을 내다본다. 열차 안의 뒷자리를 돌아본다. 의식 속에서는 불안이 맴돌며 북을 쳐댄다. 맞은편 좌석 위의 짐칸에 놓인 옷가방의 화물 표지를 본다. 창턱을 손가락으로 두드린다. 검지 손톱의 갈라진 부분에 실오라기가 낀다. 비가 내리기 시작한다. 빗물 한 방울이 먼지에 덮인 유리창에 진흙탕 길을 만들며 흘러내린다. 기차 티켓이 어디로 갔는지 궁금해진다. 들판을 돌아본다. 계속

비가 내린다. 마침내 기차는 움직이기 시작한다. 기차는 철교를 통과하더니, 알 수 없는 이유로 멈춘다. 파리 한 마리가 창문에 앉는다. 이렇게 자세히 늘어놓아도 "그는 오후 내내 여행했다"라는 기만적인 문장 속에 숨어 있는 수많은 사건들 가운데 맨 처음 1분에 해당하는 이야기도 다하지 못한다.

이렇게 곧이곧대로 자세하게 전해주는 이야기를 듣다 보면 우리는 금세 미쳐버릴 것이다. 그러나 불행하게도 삶 자체는 이런 이야기 양식에 따라서, 반복과 엉뚱한 강조와 논리가 서지 않는 플롯으로 우리를 지치게 만들곤 한다. 삶은 우리에게 바르닥 전자, 차 안의 안전 손잡이, 길을 잃은 개, 성탄절 카드, 꽉 찬 재떨이의 가장자리에 앉았다가 중앙으로 자리를 옮긴 파리만 보여주려고 한다.

그렇기 때문에 귀중한 요소들은 현실보다는 예술과 기대 속에서 더 쉽게 경험하게 된다. 기대감에 찬 상상력과 예술의 상상력은 생략과 압축을 감행한다. 이런 상상력은 따분한 시간들을 잘라내고, 우리의 관심을 곧바로 핵심적인 순간으로 이끌고 간다. 이렇게 해서 굳이 거짓말을 하거나 꾸미지 않고도 삶에 생동감과 일관성을 부여하는데, 이것은 주의를 산만하게 하는 보푸라기로 가득한 현재에서는 찾아보기 힘든 것이다.

카리브 해에서 맞이하는 첫날 밤, 침대에 누워 눈을 말똥말똥 뜬 채로 여행을 돌이켜보니(바깥의 덤불에서는 귀뚜라미 소리와 누군가 발을 끌며 돌아다니는 소리가 들린다), 벌써 현재의 혼란은 뒤로 물러나고 어떤 사건들이 두드러진 지위를 차지하기 시작했다. 기억은 단순화와 선택을 능란하게 구사한다는 점에서 기대와 흡사하기 때문이다.

현재를 긴 영화에 비유한다면, 기억과 기대는 거기에서 핵심으로 꼽힐 만한 장면들을 선택한다. 내가 이 섬에 오기까지 9시간 30분이 걸렸는데, 기억은 불과 예닐곱 장의 정적인 이미지만 남겨놓았다. 그나마 그 가운데서 딱 하나만이 오늘보다 긴 목숨을 부여받는다. 기내식이 나오던 장면이다. 공항에서 경험한 것들 중에서는 입국 심사대에 줄을 선 이미지에만 접근이 가능했다. 결국 내 겹겹의 경험들은 압축되고 잘 정리된 이야기로 자리를 잡았다. 나는 런던에서 비행기를 타고 날아와 호텔에 투숙한 사람이 된 것이다.

나는 일찍 잠이 들어, 다음 날 카리브 해의 어둑새벽에 눈을 떴다—물론 이 활기찬 말 밑에는 그 이상의 많은 것들이 깔려 있을 수밖에 없지만.

5

데제생트가 영국을 여행하려고 마음먹기 오래 전에 보고 싶어 하던 나라가 또 하나 있었다. 네덜란드였다. 그는 이 나라가 테니르스, 얀 스텐, 렘브란트, 오스타데*의 그림들을 닮은 곳이라고 상상했다. 그는 가부장적 단순성과 분방한 활력, 벽돌을 깔아놓은 조용하고 자그마한 안뜰, 우유를 따르는 창백한 얼굴의 하녀를 기대했다. 그래서 하를렘과 암스테르담을 여행했고, 물론 크게 실망했다. 문제는 그림들이 거짓말을 했다는 것이 아니었다. 그곳에는 실제로 약간의 단순성과 활력, 멋진 벽돌 안뜰 몇 군데, 우유를 따르는 하녀 몇 명이 있었다. 문제는 약속된 보석들이 일반적인 이미지들(식당, 사무실, 똑같은 집들, 아무 특색 없는 들판)—네덜란드 화가들은 결코 이런 것들을 그린 적이 없다—로 이루어진 스튜 속에 섞여 있었다는 것이다. 이런 이미지들 때문에 네덜란드를 직접 여행해서 얻은 경험보다는 이 나라의 핵심적인 아름다움만을 몇 개의 방에 모아놓은 루브르 박물관의 네덜란드 전시실에서 보낸 오후 한 나절의 경험이 더 강렬하게 다가왔다.

결국 데제생트는 짐 16개와 하인 2명을 거느리고 네덜란드 자체를 여행했을 때보다 박물관에서 골라놓은 네덜란드의 이미지들을 보았을 때 네덜란드 안에 더 깊이 들어가 있다—즉 그가 네덜란드 문화에서 사랑하는 요소들과 더 강렬하게 접촉하고 있다—는 느낌을 받는 역설적 상황에 이르렀다.

---

* 모두 네덜란드나 플랑드르의 17세기 화가들.

6

나는 첫날 아침 일찍 잠에서 깨어, 호텔 방에 비치된 실내복을 입고 베란다로 나갔다. 동틀 무렵이라 파란 하늘은 잿빛이 섞여 희끄무레하게 느껴졌다. 전날 밤에 바스락거렸던 모든 생물들, 그리고 바람마저 깊은 잠에 빠져 있는 것 같았다. 도서관처럼 조용했다. 호텔 방 너머로는 넓은 해변이 뻗어 있었다. 해변 가장자리의 코코넛 나무들은 곧 자취를 감추었고, 모래 비탈이 거칠 것 없이 바다를 향해 내닫고 있었다. 나는 베란다의 낮은 난간을 넘어 모래밭을 가로질러 걸었다. 자연은 가장 자비로운 모습을 보여주고 있었다. 이 작은 말발굽 모양의 만灣을 창조하면서, 다른 지역에서 보여준 심술 궂은 성질을 속죄하는 마음으로 이곳에서는 관대한 면만 보여주기로 작심한 것 같았다. 코코넛 나무들은 그늘과 즙을 제공했으며, 바다 바닥에는 조개껍질들이 줄지어 깔려 있었고, 햇볕에 익은 밀 색깔의 모래는 고운 가루 같았으며, 공기는 심지어 그늘 속에서도 속 깊은 따뜻함을 품고 있었다. 이 따뜻함은 한여름에도 고집스럽게 주인 노릇을 하려고 드는 냉기에 늘 고개를 숙이고 마는 북유럽의 미약한 열기와는 비교가 되지 않았다.

바다 가장자리에 놓인 일광욕 의자 하나가 눈에 띄었다. 옆에서 찰싹거리는 작은 소리가 들렸다. 착한 괴물이 커다란 잔에 든 물을 조심스럽게 홀짝이는 소리 같았다. 새 몇 마리가 깨어나 아침의 흥분을 느끼며 허공을 질주하기 시작했다. 내 뒤로는 나무들 사이로 호텔 방갈로의 라피아* 지붕들이 보였다. 내 앞쪽으로는 팸플릿에서 본 듯한 눈에 익은 광경이 펼쳐졌다. 해변은 만의 가장 깊은 곳을 향하여 부드러운 곡선을 그리며 뻗어나갔으며, 그 뒤로는 밀림으로 덮인 산들이 자리잡고 있었다. 맨 앞줄의 코코넛 나무들은 에메랄드 빛 바다를 향해 불규칙하게 기울어져 있었다. 그들 가운데 몇 그루는 더 나은 각도에서 태양을 만나려고 목을 길게 빼고 있는 것 같았다.

그러나 이런 묘사는 그날 아침 내 안에서 일어난 일을 불완전하게 반영할 뿐이다. 나의 관심은 앞의 문단들이 암시하는 것보다는 훨씬 더 금이 가고 혼란스러운 상태였기 때문이다. 나는 아침의 흥분을 느끼며 허공을 질주하는 새 몇 마리를 보기는 했지만, 이들에 대한 나의 관심은 어울리지도 않고 관계도 없는 다른 수많은 요소들 때문에 곧 시들해졌다. 그중에는 비행기를 타고 오는 동안 얻은 목감기, 한 동료에게 내가 휴가를 떠난 사실을 알리지 않았다는 걱정, 양쪽 관자놀이를 눌러오는 압박감, 점차 강해지는 화장실에 가고 싶은 욕구 등이 있었다. 중요하지만 그때까지는 간과해왔던 사실 또한 차츰 분명해지기 시작했다. 내가 나도 모르는 사이에 나 자신을 이 섬에 데려왔다

* 마다가스카르산(産)의 야자과 식물.

야코프 이사크 판 라위스달, 「알크마르 풍경」, 1670–1675년경.

는 것이다.

그림과 말을 동원한 장소 묘사들을 보고 있노라면 자신을 잊기 쉽다. 집에서 눈으로 바베이도스의 사진들을 훑어보고 있을 때는 그 눈이 나의 몸과 마음에 내밀하게 연결되어 있다는 사실을 상기시켜주는 것이 없었다. 그러나 그 몸과 마음은 내가 어디를 가든 나와 함께 여행하고, 시간이 지나면 눈이 그곳에 온 목적을 모호하게 만들거나 심지어 부정해버리는 방식으로 자신의 존재를 내세울 수도 있었다. 집에서 호텔이나 해변이나 하늘을 찍은 사진들에 집중할 때는 그런 관찰을 하고 있는 복잡한 생물을 무시할 수 있었다. 그러나 이 생물에게 그런 관찰은 살아간다는 더 크고, 더 다면적인 과제의 작은 부분에 불과했다.

결국 내 몸과 마음은 나의 목적지를 평가한다는 임무를 앞에 두고 자기들의 기질에 따라서 공모를 하게 되었다. 몸은 잠을 이루기 힘들어했고, 더위, 파리, 소화가 잘 되지 않는 호텔 식사에 대해서 불평했다. 마음은 불안, 권태, 자유롭게 떠돌아다니는 슬픔, 경제적인 걱정에 몰두했다.

우리는 지속적인 만족을 기대하지만, 어떤 장소에 대하여 느끼는 또는 그 안에서 느끼는 행복은 사실 짧다. 적어도 의식적인 정신에게는 우연한 현상으로 보일 것이다. 이 짧은 시간에 우리는 우리를 둘러싼 세계를 수용하게 된다. 이 시간에는 모처럼 과거와 미래에 대한 긍정적인 사고들이 형성되고, 불안이 완화된다. 그러나 이 상태는 10분 이상 지속되는 일이 드물다. 아일랜드 서해안 너머에서 며칠마다 기상 전선들이 뒤엉켜 덩어리를 이루듯이, 의식의 지평선에서도 불가피하게 새로운 패턴의 불안이 형성될 수밖에 없다. 미래의 복잡한 문제가 드러나면서 과거의 승리는 이제 그렇게 대단해 보이지 않는다. 아름다운 광경도 늘 우리 주위에 있는 풍경인 양 스쳐지나가게 된다.

나는 집에 있을 때의 우울한 자아와 섬에 온 나 사이에서 예상치 않은 연속성을 발견하게 되었다. 풍경과 기후의 근본적인 불연속—이곳에서는 공기 자체가 집의 공기와는 다른, 더 달콤한 물질로 만들어진 것 같았다—과는 완전히 모순이 되는 연속성이었다.

첫날 아침나절에 나는 M과 우리의 해변 오두막 바깥의 일광욕 의자에 앉아 있었다. 만 위에는 구름 한 점이 수줍게 걸려 있었다. M은 헤드폰을 낀 채로 에밀 뒤르켐의 『자살론』에 주석을 달기 시작했다. 나는 주위를 둘러보았다. 관찰자들에게는 내가 긴 의자에 편하게 누워 있는 것처럼 보였을 것이다. 그러나 "나"—즉 나의 자아의 의식적인 부분—는 사실 신체적 외피를 떠나 미래를 걱정하고 있었다. 좀더 구체적으로 말하면 방 값에 점심이 포함된 것이냐 아니냐 하는 문제를 걱정하고 있었다. 두 시간 뒤 파파야 나무가 있는 호텔 식당의 구석 자리에 앉아 있을 때(점심과 지방세 포함이었다), 일광욕 의자에서 몸을 떠났던

나는 다시 이동을 시작했다. 이번에는 섬을 완전히 떠나 내년에 시작하기로 한 골치 아픈 프로젝트를 찾아갔다.

인간 종種들 가운데 다음에 무슨 일이 일어날지 걱정하며 살아가는 집단은 먼 옛날 진화의 과정에서 결정적으로 중요한 자리에 올라서게 되었을지도 모른다. 이 조상들은 순간순간의 경험을 제대로 음미하지는 못했을지 모르지만, 어쨌든 살아남아 후손의 성격을 형성해주었다. 반면 이들보다 집중력이 강했던 동료들은 자신이 현재 속해 있는 시간과 장소에 몰입하는 바람에, 눈에 보이지 않는 들소의 뿔에 받혀 비극적 종말을 맞이하게 되었다.

미래에 대한 근심은 우리의 마음을 떠나지 않는 듯하지만, 정작 그것을 돌이켜보는 것은 안타깝게도 쉽지 않은 일이다. 어떤 장소로부터 돌아오자마자 기억에서 가장 먼저 사라지는 것이 바로 앞으로 다가올 시간을 생각하며 보낸 과거의 많은 시간, 즉 우리가 있던 곳이 아닌 다른 곳에서 보낸 과거의 많은 시간일 것이기 때문이다. 이렇게 보면 어떤 곳에 대한 기억과 그곳에 대한 기대에는 모두 순수함이 있다. 각각의 경우에 도드라져 나오는 것은 장소 자체이기 때문이다.

집에 있을 때 한 장소에만 매달릴 수 있었던 것은 아마도 내가 한번도 바베이도스의 사진을 오랫동안 집중해서 보지 않았기 때문일지도 모른다. 만일 내가 바베이도스 사진 한 장을 탁자 위에 놓고 그것만 25분 동안 보고 있었다면, 내 마음과 몸은 자연스럽게 다양한 비본질적인 관심사들을 향해 떠났을 것이다. 그리고 그 과정을 통해서 나는 내가 서 있는 장소가 내 마음속을 돌아다니는 것들을 장악하는 힘이 얼마나 미약한지 좀더 정확하게 느낄 수 있었을 것이다.

데제생트라면 금방 알아챘을 또 하나의 역설 속에서, 우리가 어떤 장소에 가장 온전하게 있을 수 있는 것은 우리가 반드시 그곳에 가 있어야만 한다는 추가의 부담에 직면하지 않을 때일지도 모른다는 생각이 든다.

7

바베이도스를 떠나기 며칠 전에 M과 나는 섬을 탐사하기로 결정했다. 우리는 미니 모크를 한 대 빌려 스코틀랜드라고 불리는 험준한 산악지역을 향해 북으로 차를 달렸다. 스코틀랜드는 17세기에 올리버 크롬웰에게 추방당한 영국 가톨릭 교도들이 모여 살던 곳이다. 바베이도스 북단에서 우리는 애니멀 플라워 동굴을 찾아갔다. 파도의 힘으로 바위 면에 동굴이 여러 개 움푹 파여 있었고, 파인 벽을 따라 거대한 말미잘들이 자라고 있었다. 덩굴손을 펼칠 때마다 말미잘들은 노란색과 녹색이 섞인 꽃처럼 보였다.

한낮에 우리는 남쪽의 세인트 존 교구로 향했고, 그곳에서 나무가 울창한 산을 오르다가 낡은 식민지풍 저택의 한쪽 건물에서 식당을 발견했다. 정원에는 캐넌볼 나무와 자주군자란 나무가 있었다. 자주군자란에는 트럼펫을 뒤집어놓은 듯한 꽃이 피었다. 안내전단을 보니 이 저택과 정원은 1745년에 행정관 앤서니 허치슨 경이 지었으며, 10만 파운드의 설탕—엄청난 액수라는 느낌을 주었다—이 비용으로 들어갔다고 한다. 회랑을 따라 정원과 바다를 바라볼 수 있는 곳에는 10개의 탁자가 놓여 있었다. 우리는 맨 끝, 꽃이 피는 부겐빌리아 덤불 옆에 자리를 잡았다. M은 피망 소스 점보 슈림프를 주문했고, 나는 붉은 포도주에 양파와 허브를 곁들인 킹피시를 주문했다. 우리는 식민지 체제에 대해서 이야기하고, 아무리 강력한 자외선 차단 크림도 이상하게 효과가 없다는 말을 주고받았다. 우리는 후식으로 크렘 캐러멜을 2인분 주문했다.

크렘이 나왔다. M의 크렘은 크기는 하지만 생긴 것이 시원치 않았다. 주방에서 바닥에 한번 떨어진 것 같았다. 내 것은 크기는 아주 작지만 형태는 완벽했다. 웨이터가 시야에서 사라지자마자, M은 팔을 뻗어 우리의 접시를 바꿨다.

"내 거 훔쳐가지 마."

나는 화가 나서 말했다.

"큰 걸 좋아할 줄 알았는데."

그녀가 전혀 주눅 들지 않은 목소리로 대꾸했다.

"더 나은 걸 먹으려는 거였잖아."

"아냐. 너한테 잘해주려고 그런 거니까. 사람 의심하지 마."

"내 걸 돌려주면 의심 안 할게."

불과 몇 분 사이에 우리는 수치스러운 막간극으로 돌입했다. 유치한 말다툼이 몇 번 오가면서 서로에 대한 공포가 형성되기 시작했다. 성격이 맞지 않는 것은 아닐까, 바람을 피우는 것은 아닐까?

M은 딱딱하게 굳은 얼굴로 내 접시를 돌려주었고, 자신의 크렘을 몇 숟갈 뜨더니 한쪽 옆으로 밀어놓았다. 우리는 아무 말도 하지 않았다. 우리는 돈을 내고 호텔로 돌아왔다. 그나마 엔진 소리가 시무룩한 분위기를 어느 정도 감추어주었다. 우리가 없는 동안 방 청소가 끝이 났다. 침대에는 새 시트가 덮여 있었다. 서랍장 위에는 꽃이 있었고, 목욕탕에는 새 대형 수건이 비치되었다. 나는 수건 하나를 빼 들고 베란다로 나가, 뒤의 문을 세게 닫았다. 코코넛 나무들은 부드러운 그림자를 드리우고 있었다. 오후의 산들바람이 불면 그 잎이 만들어내는 십자 무늬들이 이따금 흔들리며 자리바꿈을 했다. 그러나 이런 아름다움 속에서도 나는 조금도 기쁘지 않았다. 몇 시간 전 크렘 캐러멜을 둘러싼 말다툼 이후로는 미학적인 것이나 물질적인 것은 어떤 것도 즐길 수 없었다. 부드러운 수건, 꽃, 매혹적인 풍경도

소용이 없었다. 어떤 외적인 받침대를 가져다 받쳐도 내 기분은 올라갈 줄을 몰랐다. 오히려 완벽한 날씨와 저녁에 해변에서 바비큐를 해 먹기로 한 일정이 내 기분을 모욕하는 듯한 느낌이었다.

그날 오후 선크림과 에어컨 냄새에 눈물 냄새가 뒤섞이는 비참한 상태에 빠져들자, 인간의 기분을 지배하는 엄격하고 무자비한 논리를 생각하지 않을 수 없었다. 아름다운 육지의 사진을 보고 그런 웅장함에는 행복도 자연스럽게 따라올 것이라고 상상했던 순간에는 위험하게도 무시해버렸던 논리였다. 아름다운 대상이나 물질적 효용으로부터 행복을 끌어내려면, 그 전에 우선 좀더 중요한 감정적 또는 심리적 요구들을 충족시키는 것이 필수적이다. 그런 요구들 중에는 이해에 대한 요구, 사랑, 표현, 존경에 대한 요구가 있다. 따라서 중요한 인간관계 속에 흉건하게 고여 있는 몰이해와 원한이 갑자기 드러나면, 우리의 마음은 화려한 열대의 정원과 해변의 매혹적인 목조 오두막을 즐기려고 하지 않는다. 아니, 즐길 수가 없다.

잠깐 부루퉁해진 기분이 호텔 안팎의 모든 즐거움을 부술 힘이 있다는 사실에 놀란다면, 그것은 우리의 기분을 지탱하는 것이 무엇인지 잘 모르기 때문이다. 우리는 집에서 우울해하면서 날씨와 추한 건물 탓을 했다. 그러나 열대의 섬에 와서 (파란 하늘 아래 라피아 지붕의 방갈로 안에서 말싸움을 한 뒤에) 하늘의 상태와 숙소의 겉모습이 그 자체로는 결코 우리의 기쁨을 보장해 주지도 못하고, 반대로 우리를 비참한 기분으로 내몰지도 못한다는 것을 배운다.

인간은 호텔을 건축하고, 만을 준설하는 등 엄청난 프로젝트들을 이루어내면서도, 기본적인 심리적 매듭 몇 개로 그 성과를 물거품으로 만들 수 있다. 울화가 치밀 때면 문명의 이점들이라는 것이 얼마나 하찮게 여겨지는지! 이런 정신적 매듭들이 얼마나 처치 곤란인지를 생각하다 보면, 고대 철학자들의 준엄하면서도 비꼬는 느낌이 없지 않은 지혜가 떠오른다. 그들은 번영과 세련으로부터 물러나 통이나 진흙 오두막 속에 살면서, 행복의 핵심적 요소는 물질적인 것이나 미학적인 것이 아니라, 어디까지나 심리적인 것일 수밖에 없다고 주장했다. M과 내가 해질녘에 화해를 할 때만큼 이 교훈이 절실하게 다가온 적은 없다. 우리는 해변의 바비큐 공원 그늘에 있었는데, 호사스러운 바비큐 파티도 하찮고 의미 없는 일이 되어버린 지 오래였다.

8

네덜란드를 다녀온 뒤, 그리고 영국을 가려다가 만 뒤, 데제생트는 다시는 해외여행을 시도하지 않았다. 그는 별장에서 살면서 여행의 가장 훌륭한 측면, 즉 여행에 대한 기대를 불러일으키는 여러 가지 물건들로 주변을 꾸몄다. 벽에는 여행사 진열장처럼 채색 인쇄물들을 걸어놓았다. 외국의 도시, 박물관, 호텔, 발파라이소나 라플라타 강으로 떠나는 기선을 보여주는 인쇄물들이었다. 또 주요 선박회사의 항해 일정표를 액자에 넣어, 침실에 한 줄로 걸어두었다. 어항에는 해초를 채우고, 돛, 항해 장비, 타르 단지를 사들였다. 그리고 이런 것들의 도움을 받아 불편은 전혀 겪지 않고 긴 항해 여행의 가장 유쾌한 측면들만 경험할 수 있었다. 위스망스의 말에 따르면, 데제생트는 "상상력은 실제 경험이라는 천박한 현실보다 훨씬 더 나은 대체물을 제공할 수 있다"고 결론을 내렸다. 실제 경험에서는 우리가 어디에서나 볼 수 있는 것 때문에 정작 우리가 보러 간 것은 희석되고 만다. 우리는 근심스러운 미래에 의해서 현재로부터 끌려나온다. 당혹스러운 신체적, 심리적 요구들 때문에 미학적 요소들의 감상은 방해를 받는다.

나는 데제생트의 경고에도 불구하고 여행을 했다. 그러나 나 역시 그냥 집에 눌러앉아 얇은 종이로 만든 브리티시 항공사의 비행 시간표의 페이지를 천천히 넘기며 상상력의 자극을 받는 것보다 더 나은 여행은 없을지도 모른다고 느낀 적이 몇 번 있었다.

II

여행을 위한 장소들에 대하여

휴게소

공항

비행기

기차

장소

안내자

샤를 보들레르

에드워드 호퍼

1

유리와 붉은 벽돌로 지은 단층 휴게소는 밋밋한 넓은 평야를 가로지르는 런던과 맨체스터 간 고속도로를 굽어보고 있다. 앞뜰에는 박판을 씌운 거대한 간판을 내걸고, 운전자들과 옆 들판의 양 떼에 에그 프라이, 소시지 두 개, 반도 모양의 구운 콩을 찍은 사진을 보여주고 있다.

나는 저녁 무렵 휴게소에 도착했다. 서쪽 하늘이 붉어지고 있었다. 건물 한쪽 옆에 한 줄로 늘어선 장식용 나무들에서는 끊임없는 저음의 자동차 소리를 배경으로 새 소리가 들렸다. 혼자 도로에 나선 지 두 시간이 지났다. 지평선에서는 구름이 피어올랐고, 풀이 덮인 둑 너머로는 통근자들이 사는 도시의 불빛이 어른거렸고, 멀리 자동차용 고가도로를 따라 차와 버스의 실루엣들이 밀려들었다. 차에서 내리니 어지러웠다. 차가 식으면서 엔진 덮개 속에서 클립이 떨어지는 것처럼 딱딱 하는 소리가 났다. 나의 감각들은 단단한 땅, 바람, 밀려오는 밤의 은밀한 소리에 다시 적응해야 했다.

식당은 조명이 밝았고 지나치게 더웠다. 커피 컵, 패스트리, 햄버거의 대형 사진이 벽에 걸려 있었다. 여종업원이 음료수 자동판매기를 채우고 있었다. 나는 금속 활주로에 축축한 쟁반을 미끄러뜨리며 초콜릿 바 하나와 오렌지 주스 한 잔을 사다가 건물의 한쪽 벽 전체를 덮은 창문 옆에 앉았다. 거대한 유리

창들은 다갈색 접합제 띠로 고정되어 있었다. 나는 그 끈적끈적한 껌 같은 느낌을 주는 접합제를 손톱으로 후벼 파고 싶은 유혹을 느꼈다. 창문 너머로 잔디는 비탈을 그리다가 도로와 만났다. 자동차들은 6개 차선을 따라 우아한 대칭을 만들며 소리 없이 달리고 있었다. 짙어지는 어둠 때문에 자동차 제조 회사와 색깔의 차이는 감춰지고, 빨간색과 하얀색 다이아몬드들만 남아 긴 띠를 이루며 두 방향으로 무한히 뻗어나가고 있었다.

휴게소에 다른 손님들은 몇 명 없었다. 한 여자는 한가하게 컵 안에 든 티백을 빙빙 돌리고 있었다. 한 남자와 두 어린 소녀는 햄버거를 먹고 있었다. 턱수염을 기른 나이든 남자는 십자말 풀이와 씨름하고 있었다. 아무도 말을 하지 않았다. 왠지 생각에 잠긴 듯한 분위기, 슬픈 분위기였다. 유선방송에서 흐르는 희미하고 경쾌한 음악과 카운터 위의 사진 속에서 베이컨 샌드위치를 막 베어물려고 하는 여자의 에나멜 광택이 나는 미소 때문에 오히려 그런 분위기가 더욱 진해졌다. 천장 한가운데에는 핫도그를 하나 살 때마다 어니언 링을 공짜로 준다는 광고 종이 상자가 매달려, 환풍기에서 나오는 바람에 초조하게 몸을 떨고 있었다. 일그러진 채 거꾸로 매달린 상자는 설치할 때 본사에서 내려보낸 지침을 제대로 따르지 않은 것이 틀림없었다. 로마 제국의 외딴 지역에 서 있는 이정표들의 생김새가 중앙에서 설계한 것으로부터 많이 벗어나 있는 것과 마찬가지였다.

이 건물은 건축학적으로는 비참한 몰골이었다. 안에서는 튀김용 기름 냄새와 바닥 광택제의 레몬향이 났다. 음식은 끈적끈적했으며, 탁자에는 오래 전에 떠난 여행자가 식사를 하다 떨어뜨린 케첩들이 섬처럼 점점이 말라붙어 있었다. 그럼에도 이 휴게소는 왠지 나의 마음을 움직였다. 모든 주거지로부터 멀리 떨어져, 고속도로 옆의 언덕에 자리잡은 이 외딴 휴게소에는 시詩가 있었다. 이런 매력 때문에 나는 다른 여행 장소, 이와 마찬가지로 예기치 않게 시적인 느낌을 주는 장소들을 생각하게 되었다. 공항 터미널, 항구, 역, 모텔. 더불어 어느 19세기 작가의 작품과 그에게서 영감을 받은 한 20세기 화가를 생각하게 되었다. 이 두 사람은 각기 다른 방식으로 여행을 시작하는 장소의 힘에 특별히 민감하게 반응했다.

2

샤를 보들레르는 1821년 파리에서 태어났다. 그는 어렸을 때부터 집에서는 불편함을 느꼈다. 그는 다섯 살에 아버지를 잃었으며, 어머니는 1년 뒤 그가 싫어하는 남자와 재혼했다. 그때부터 보들레르는 기숙사 학교들을 떠돌게 되었는데, 가는 곳마다 반항을 한다는 이유로 퇴학을 당했다. 어른이 된 보들레르는 부르주아 사회에서 자신의 자리를 찾을 수 없었다. 그는 어머니,

계부와 싸웠고, 연극에서처럼 검은 망토를 입고 돌아다녔으며, 방에는 들라크루아의「햄릿」석판화 복제본을 걸어놓았다. 그는 일기에서 "'가정의 공포'라는 무시무시한 병"과 "아주 어렸을 때부터 느꼈던 외로움, 가족과 학교 친구들이 있음에도 불구하고 영원히 고독한 삶을 살 운명이라는 느낌"으로 인해서 겪는 고통을 토로했다.

그는 프랑스를 떠나 "일상"(이 시인에게는 공포를 불러일으키는 말이었다)이 기억나지 않는 다른 곳, 먼 곳, 다른 대륙으로 가는 꿈을 꾸었다. 날씨가 더 따뜻한 곳,「여행에의 초대」에 나오는 전설적인 2행에 따르면 모든 것이 "질서와 아름다움 / 호사와 고요와 쾌락(ordre et beauté / Luxe, calme et volupté)"인 곳. 그러나 그는 여기에 따르는 어려움도 알고 있었다. 그는 프랑스 북부의 납빛 하늘을 떠났다가 낙담하여 돌아온 일이 있었다. 그는 인도로 여행을 떠났다. 석 달 동안 바다를 가로지르던 배는 폭풍을 만나 수리를 하기 위해서 모리셔스에 들렀다. 이곳은 보들레르가 꿈꾸던, 숲이 울창하고 가장자리에 야자나무가 늘어서 있는 섬이었다. 그러나 그는 무기력과 슬픔을 떨쳐버릴 수 없었다. 그러면서 인도도 더 나을 것이 없을 것이라는 의심을 품게 되었다. 선장은 만류했지만, 보들레르는 프랑스로 돌아가겠다고 고집을 부렸다.

결국 보들레르는 평생 여행에 대하여 양면적인 태도를 보여주었다. 「항해」에서는 멀리서 돌아온 여행자들의 이야기를 빈정거리며 상상한다.

우리는 별들을 보았지,
파도도 보았지, 모래도 보았지.
그러나 수많은 위기와 예측 못 했던 재난에도 불구하고
우리는 자주 따분했다네, 여기서와 마찬가지로.

그러나 그는 여행을 하고 싶은 욕망에는 항상 공감했으며, 늘 그런 바람을 품고 있었다. 그는 모리셔스를 떠나 파리에 돌아오자마자 다시 어딘가로 떠날 꿈을 꾸기 시작했다. "삶은 모든 환자가 자리를 바꾸어야 한다는 강박감에 사로잡힌 병원이다. 이 환자는 난방장치 앞에서 앓고 싶어하며, 저 환자는 창가에 누워 있으면 나을 거라고 생각한다." 그러면서 그는 부끄러움 없이 자신도 그런 환자들 가운데 한 명이라고 인정했다. "늘 여기가 아닌 곳에서는 잘 살 것 같은 느낌이다. 어딘가로 옮겨가는 것을 내 영혼은 언제나 환영해 마지않는다."

보들레르는 가끔 리스본에 가는 꿈을 꾸었다. 그곳에 가면 따뜻하겠지. 그리고 나는 도마뱀처럼 햇볕 속에 몸을 쭉 뻗고 힘을 얻을 수 있겠지. 그곳은 물과 대리석과 빛의 도시였으며, 사고와 평온에 도움이 되는 도시였다. 그러나 그는 포르투갈에 대한 환상을 품는 것과 거의 동시에 혹시 네덜란드가 더 행복하지 않을까 의문을 품기 시작했다. 그러자 다른 생각들이 밀려왔다. 자바나 발트 해, 심지어 북극은 어떨까? 그곳에 가면 그는 늘 속에서 목욕을 하며 유성이 북극 하늘을 가로지르는 것을 볼 수 있을 텐데. 사실 목적지는 문제가 아니었다. 진짜 욕망은 떠나는 것이었다. 그가 결론을 내린 대로 "어디로라도! 어디로라도! 이 세상 바깥이기만 하다면!" 어디로라도 떠나는 것이었다.

보들레르는 여행에 대한 백일몽을 그가 "시인"이라고 묘사하는 고귀한 영혼, 탐구하는 영혼의 표시라고 여겨서 귀중하게 생각했다. "시인"은 다른 땅의 한계를 잘 알면서도 고향의 지평 안에서는 만족할 수 없었다. 그들의 기질은 희망과 절망 사이, 유치한 이상주의와 냉소주의 사이에서 진자 운동을 했다. 기독교의 순례자들처럼 타락한 세계에서 살아가면서도 대안적인 영역, 덜 훼손된 영역에 대한 비전을 버리기를 거부하는 것이 시인의 운명이었다.

이런 생각들을 하다 보니 보들레르의 전기 가운데 한 대목이 떠오른다. 그는 평생에 걸쳐 항구, 부두, 역, 기차, 배, 호텔 방에 강하게 끌렸으며, 자신의 집보다 여행을 하는 중에 잠시 머무는 곳에서 더 편안함을 느꼈다. 파리의 대기가 그를 짓누를 때면, 세상이 "단조롭고 작아" 보일 때면, 그는 떠났다. "떠나기 위해서 떠났다." 항구나 역으로 가서, 속으로 소리를 질렀다.

열차야, 나를 너와 함께 데려가다오! 배야, 나를 여기서 몰래 빼
내다오!
나를 멀리, 멀리 데려가다오. 이곳의 진흙은 우리 눈물로 만들어
졌구나!*

T.S. 엘리엇은 보들레르에 대한 에세이에서 그가 근대의 여행을 시작하는 장소와 여행을 돕는 기계의 아름다움을 최초로 표현한 19세기 예술가라고 평했다. "보들레르는……새로운 종류의 낭만적 노스탤지어를 발명했다. 그것은 플랫폼의 시(poésie des départs)이며, 대합실의 시(poésie des salles d'attente)이다." 여기에 이런 말을 덧붙이면 어떨까? 휴게소의 시(poésie des stations-service)이며, 공항의 시(poésie des aéroports)라고.

3

나는 집에서 우울할 때면 기차나 공항 버스를 타고 히드로 공항으로 가서, 2번 터미널에 있는 전망대나 북쪽 활주로변에 있는 르네상스 호텔의 꼭대기 층에서 끊임없이 이착륙하는 비행기들을 보며 마음을 달래곤 했다.

---

* 보들레르의 「슬픔과 방랑*Moesta et errabunda*」의 일부.

『악의 꽃』에 대한 재판의 여파 속에서 애인 잔 뒤발과도 헤어지면서 힘겨운 시간을 보내던 보들레르는 1859년에 오플뢰로 어머니를 찾아갔다. 그는 그곳에 두 달간 머물면서 부둣가 의자에 앉아 정박하고 떠나는 배들을 지켜보았다. "잔잔한 물 위에서 눈에 보이지 않게 균형을 맞추고 있는(맴돌고 있는) 저 크고 아름다운 배들, 꿈꾸는 듯 한가해 보이는 저 단단한 배들, 저들은 우리에게 소리 없는 언어로 속삭이는 것 같지 않은가? '너희는 언제 행복을 향해 돛을 올릴 것이냐?'"

조종사들이 09L/27R이라고 부르는 북쪽 활주로 옆의 주차장에서 보면 747기는 처음에는 약하게 반짝거리는 하얀 빛처럼 보인다. 마치 지구로 떨어지는 별 같다. 이 비행기는 공중에 12시간 동안 떠 있었다. 늦은 아침에 싱가포르에서 이륙해서 벵골만, 델리, 아프간 사막, 카스피 해 위를 날았다. 루마니아, 체코공화국, 독일 남부 상공의 항로를 따르다가 하강을 시작했다. 하강이 워낙 부드러워서 네덜란드 해안의 회색과 갈색을 뒤섞으며 일렁이는 바다 위에서 엔진 소리의 변화를 느낀 승객은 거의 없었을 것이다. 비행기는 템스 강을 따라 런던 상공을 날다가, 해머스미스 근처(이곳에서 보조 날개가 펼쳐지기 시작한다)에서 북쪽으로 방향을 틀어, 억스브리지 위를 선회하다가 슬라우 상공에서 직선 항로로 진입한다. 지상에서 보면 하얀 빛은 차츰 거대한 2층짜리 몸체로 바뀌기 시작한다. 믿을 수 없을 정도로 긴 날개들 밑에는 엔진 네 개가 귀걸이처럼 달려 있다. 가벼운 비를 맞으며 활주로를 향해 점잖은 부인처럼 다가오는 비행기 뒤편으로 베일처럼 뿌연 물보라가 펼쳐진다.

비행기 아래에는 슬라우의 교외가 펼쳐져 있다. 오후 3시이다. 교외의 단독 주택들에서는 차를 끓이려고 주전자에 물을 붓는다. 거실의 텔레비전은 켜져 있지만 소리는 들리지 않는다. 벽을 따라 녹색과 빨간색 그림자들이 소리 없이 움직인다. 일상. 그리고 슬라우 상공에는 몇 시간 전에 카스피 해 위를 날던 비행기가 떠 있다. 슬라우와 카스피. 비행기는 이 세상의 상징으로, 그 안에 자신이 건너온 모든 땅의 흔적을 담고 있다. 그 영원한 이동성은 정체와 제한이라는 느낌에 상상의 평형추를 제공한다.

오늘 아침 이 비행기는 말레이 반도 상공에 있었다. 물레나무와 백단향 냄새가 나는 듯한 지명地名이다. 그리고 지금 비행기는 오랫동안 피했던 땅 위 몇 미터 높이에 있다. 비행기는 움직이지 않는 것 같다. 코는 위로 쳐들고 있다. 16개의 뒷바퀴가 비행기의 속도와 무게를 분명하게 느끼게 해주는 연기 돌풍을 일으키며 활주로와 만나기 전에 잠깐 쉬는 것 같다.

평행하는 활주로에서는 A340기가 뉴욕을 향해 이륙한다. 스테인스 저수지 상공에서 보조 날개와 바퀴를 접는다. 바다와 구름 너머 5,000킬로미터 떨어진, 시간으로는 8시간 떨어진 롱

비치의 떡갈나무 판자로 지은 하얀 집들 위에서 하강을 시작할 때까지는 다시 사용할 필요가 없기 때문이다. 터보팬 엔진의 열기로 인한 아지랑이 사이로 다른 비행기들이 비행을 시작할 시간을 기다리는 모습이 보인다. 활주로 전체에서 비행기들이 움직이고 있다. 회색 지평선을 배경으로 비행기의 수직안정판들이 요트 경기의 돛들처럼 다채로운 색깔을 자랑한다.

유리와 강철로 만든 3번 터미널 뒤편을 따라 거대한 비행기 4대가 쉬고 있다. 그들의 제복은 다양한 출신 지역을 보여준다. 캐나다, 브라질, 파키스탄, 한국. 이 비행기들은 날개 끝이 닿을 듯이 가까이 붙어 앉아 몇 시간 동안 쉬었다가, 각자 성층권의 바람 속으로 다시 여행을 시작할 것이다. 비행기가 쉴 곳으로 들어올 때마다, 안무에 따른 춤이 시작된다. 트럭들은 비행기의 배 밑으로 미끄러져 들어가고, 검은 연료 호스가 날개에 고정되고, 터미널과 이어지는 통로가 사각형 고무 입술을 구부려 동체에 입을 맞춘다.

화물칸의 문들이 열리면서 낡은 알루미늄 화물상자들을 토해낸다. 불과 몇 시간 전만 해도 열대의 나뭇가지에 매달려 있던 열매나 고지대의 고요한 골짜기에 뿌리를 내리고 있던 채소가 담겨 있는지도 모른다. 작업복을 입은 두 사람이 엔진 한곳에 작은 사다리를 가져다대더니, 덮개를 열어 전선과 작은 금속 파이프들로 이루어진 복잡한 내부를 드러낸다. 객실 앞쪽에서는 담요와 베개를 내린다. 승객들이 육지에 발을 디딘다. 그들에게는 이 평범한 영국의 오후가 초자연적인 색조를 띤 것처럼 느껴질 것이다.

공항의 매력이 집중된 곳은 터미널 천장에 줄줄이 매달려 비행기의 출발과 도착을 알리는 텔레비전 화면들이다. 미학적 자의식이 전혀 없는 그 모습. 노동자 같은 상자와 보행자 같은 활자는 아무런 위장 없이 자신의 감정적 긴장 상태와 상상력을 자극하는 매력을 드러낸다. 도쿄, 암스테르담, 이스탄불. 바르샤바, 시애틀, 리우. 이 화면들은 제임스 조이스의 『율리시즈』의 마지막 줄의 시적 울림을 그대로 간직하고 있다. 그 마지막 줄은 소설이 쓰인 곳에 대한 기록인 동시에, 똑같이 중요한 것이지만, 그것을 쓰는 행동의 바탕이 된 세계주의 정신의 상징이기도 하다. “트리에스테, 취리히, 파리.” 화면들의 계속되는 호출, 가끔 커서의 초조한 박동을 수반하기도 하는 호출은 언뜻 단단하게 굳어버린 듯한 우리의 삶이 얼마나 손쉽게 바뀔 수 있는지를 보여준다. 그냥 복도를 따라 내려가서 비행기에 올라타기만 하면 된다. 그러면 우리는 몇 시간 뒤에 우리에게 아무런 기억이 없는 장소, 아무도 우리의 이름을 모르는 장소에 착륙할 것이다. 오후 3시, 권태와 절망이 위협적으로 몰려오는 시간에 늘 어딘가로, 보들레르가 말하는 “어디로라도! 어디로라도!” 이륙하는 비행기가 있다는 생각으로 우리 기분의 갈라진 틈들을 메우는 것은 즐거운 일 아닌가. 트리에스테, 취리히, 파리.

4

보들레르는 떠나고 도착하는 장소도 사랑했지만, 움직이는 기계들, 특히 대양을 가로지르는 배들을 사랑했다. 예를 들면 그는 "배를 볼 때 느끼는 심오하고 신비한 매력"에 대해서 썼다. 그는 '카보퇴르'라는 바닥이 평평한 보트를 보러 파리의 포르생 니콜레에 가기도 했고, 그보다 더 큰 배들을 보러 루앙과 노르망디 항구에 가기도 했다. 그는 그런 배들을 만들어낸 과학기술에 감탄했다. 그렇게 무겁고 잡다한 것이 어떻게 그렇게 우아하고 응집력 있게 바다 위를 움직일 수 있는지. 그는 커다란 배를 보며 "거대하고 광대하고 복잡하지만 민첩한 생물, 활기가 넘쳐나는 동물, 인류의 모든 한숨과 야망으로 괴로워하며 숨을 몰아쉬는 동물"을 생각했다.

커다란 비행기들을 보면 우리도 그런 느낌을 받을 수 있다. 이 비행기들 자체가 "거대하고" 또 "복잡한" 생물이며, 이 생물은 자신의 크기와 대기의 낮은 층의 혼돈에 맞서 고요히 창공을 가로지르며 나아간다. 그러한 것이 터미널에 정지하여 화물상자나 수리공들 위에서 거대한 몸을 쉬고 있을 때면, 그것이 일본까지 날아가는 것은커녕 몇 미터를 움직일 수 있다는 것만으로도 어떤 과학적 설명과 관계없이 놀라움을 느낄 수밖에 없다. 인간이 만든 구조물들 가운데 건축물도 비행기에 필적할 만한 크기를 가지는 몇 안 되는 것들 가운데 하나이지만, 건축물을 볼 때는 비행기를 볼 때처럼 민첩성이나 침착성을 느낄 수 없다. 건물은 땅이 조금만 움직여도 금이 갈 수 있으며, 공기나 물이 샐 수 있고, 바람만 세게 불어도 자신의 일부를 잃어버릴 수 있기 때문이다.

인생에서 비행기를 타고 하늘로 올라가는 몇 초보다 더 해방감을 주는 시간은 찾아보기 힘들다. 활주로 출발점에 꼼짝도 않고 서 있는 기계 안에서 창 밖을 보면 낯익은 크기의 풍경이 길게 내다보인다. 도로, 기름 실린더, 풀밭, 구릿빛의 창문이 달린 호텔들. 우리가 늘 알고 있던 대로의 땅이다. 우리가 차의 도움을 받아도 느리게 움직일 수밖에 없는 곳, 종아리 근육과 엔진들이 산꼭대기에 이르려고 애를 쓰는 곳, 500미터 정도 앞에는 언제나 나무나 건물이 늘어서서 우리의 시야를 제약하는 곳. 그때 갑자기 엔진의 억제된 진동과 더불어(주방의 잔들이 약간 흔들릴 뿐이다), 우리는 완만하게 대기 속으로 솟아오르며, 눈이 아무런 방해 없이 돌아다닐 수 있는 거대한 시야가 열린다. 지상에서라면 한나절이 걸릴 여행을 눈을 아주 조금만 움직이는 것으로 끝낼 수 있다. 우리는 버크셔를 건너고, 메이든헤드에 가보고, 브랙넬을 스쳐가고, M4 도로를 살필 수 있다.

이런 이륙에는 심리적인 쾌감도 있다. 비행기의 빠른 상승은 변화의 전형적인 상징이다. 우리는 비행기의 힘에서 영감을 얻어 우리 자신의 삶에서 이와 유사한 결정적인 변화를 상상하며, 우리 역시 언젠가는 지금 우리를 짓누르고 있는 많은 억압들 위로 솟구칠 수 있다고 상상한다.

새로운 시점視點은 풍경에 질서와 논리를 부여한다. 도로는 산을 피하기 위해서 곡선을 그리고, 강은 호수로 향하는 길을 따르고, 고압선 철탑은 발전소에서 도시로 이어지고, 땅에서 보면 제멋대로인 것 같은 도로들이 잘 짜인 격자로 드러난다. 눈은 자신이 보는 것을 머릿속에 있는 지식과 일치시키려고 한다. 새로운 언어로 익숙한 책을 판독하려고 하는 것과 마찬가지이다. 저 불빛들은 뉴베리가 틀림없어. 저 도로는 M4에서 가지를 친 A33이야. 그리고 내내 우리의 머리를 떠나지 않는 생각이 있다. 우리의 눈에 감추어져 있었다 뿐이지, 사실 우리의 삶은 저렇게 작았다는 것. 우리 눈에 보이는 것은 우리가 살고는 있지만 실제로 볼 기회는 드문 세상이다. 그러나 매나 신에게는 우리가 늘 그렇게 보일 것이다.

비행기의 엔진은 우리를 이런 장소에 데려오면서도 전혀 힘든 기색을 보이지 않는다. 엔진은 밖에 매달려 상상할 수 없는 추위를 견디면서도, 눈에 보이지 않는 곳에서 끈기 있게 비행기에 동력을 제공한다. 엔진의 안쪽 옆구리에 빨간 글자로 써 있는 것을 보면, 그들의 요구는 그 위로 걸어다니지 말라는 것과 "D50TFI-S4 기름만" 먹여달라는 것뿐이다. 그나마 이 메시지는 6,500킬로미터 떨어진 곳에서 잠들어 있는 작업복을 입은 사람들에게만 의미가 있는 것이다.

이 위에 올라와야만 보이는 구름들에 대해서는 이야기하는 사람이 많지 않다. 대양의 상공 어딘가에서 우리가 아주 커다란 솜사탕 같은 섬—15세기 이탈리아의 화가 피에로 델라 프란체스카가 그린 그림 속의 천사 또는 하느님이라도 아주 편안하게 앉을 수 있을 것 같다—을 지나 날아가고 있다는 사실이 특별히 관심을 가질 만하다고 생각하지 않는 것 같다. 승객 가운데 누구도 자리에서 일어나, 창밖을 보면 우리가 구름 위를 날고 있다는 것을 확인할 수 있다고 필요한 만큼 힘을 주어가며 말하지 않는다. 다 빈치나 푸생, 클로드나 컨스터블이라면 가만히 있지 못했을 텐데.

만약 부엌에서 시식을 했다면 평범하거나 심지어 불쾌하게 느껴졌을 음식도 구름이 있는 곳에서는 새로운 맛을 띠고 구미를 돋운다(파도가 치는 절벽 꼭대기로 소풍을 가서 먹는 치즈 넣은 빵과 같다). 전혀 집 같지 않은 곳에서 우리는 기내식을 받아들고 집에 온 것 같은 편안함을 느낀다. 우리는 차가운 롤빵과 플라스틱 접시에 담긴 감자 샐러드를 먹으며 지구 밖의 풍경을 차

지한다.

꼼꼼하게 살펴보면 창 밖의 공중에 떠 있는 우리의 동반자들은 우리가 예상한 것처럼 보이지 않는다. 그림에서 볼 때나 땅에서 볼 때 구름은 수평으로 놓인 알처럼 보인다. 그러나 여기서 보면 불안정한 면도용 거품을 쌓아 만든 거대한 오벨리스크 같다. 이들이 증기와 친족이라는 사실이 더욱 분명해진다. 오히려 증기보다 더 변화무쌍해 보인다. 어쩌면 막 폭발한 어떤 것, 여전히 변하고 있는 것의 산물이기 때문인지도 모른다. 그러나 그 위에 앉는 것이 불가능할 것이라는 깨달음은 여전히 당혹스럽다.

보들레르는 구름을 사랑할 줄 알았다.

이방인

말해다오, 그대는 누구를 가장 사랑하는가, 그대 수수께끼 같은 사람이여, 그대의 아버지인가, 어머니인가, 누이인가, 형제인가?

나에게는 아버지도, 어머니도, 누이도, 형제도 없다네.

그대의 친구들인가?

내가 이해하지도 못하는 말을 사용하는구나.

그대의 조국인가?

나는 그것이 어디에 있는지도 모른다네.

아름다움인가?

그녀가 여신이고 불멸이라면 내 온 마음으로 사랑하겠네.

돈인가?

나는 그대가 신을 싫어하듯이 돈을 싫어한다네.

그러면 그대는 무엇을 사랑하는가, 그대 낯선 이방인이여?

나는 구름을 사랑한다네……지나가는 구름……저 위에……저 위에……저 예쁜 구름들!

비행기에서 구름을 보면 고요가 찾아든다. 저 밑에는 적과 동료가 있고, 우리의 공포나 비애가 얽힌 곳들이 있다. 그러나 그 모두가 지금은 아주 작다. 땅 위의 긁힌 자국들에 불과하다. 물론 이 오래된 원근법의 교훈은 전부터 잘 알던 것일 수도 있다. 그러나 차가운 비행기 창에 얼굴을 가져다대고 있을 때만큼 이것이 절실하게 느껴지는 경우는 드물다. 우리가 타고 있는 것은 심오한 철학의 스승이며, 보들레르의 명령을 충실하게 따르는 제자이다.

열차야, 나를 너와 함께 데려가다오! 배야, 나를 여기서 몰래 빼내다오!

나를 멀리, 멀리 데려가다오. 이곳의 진흙은 우리 눈물로 만들어졌구나!

5

고속도로를 제외하면 휴게소를 다른 곳과 연결하는 도로는 없었다. 심지어 걸어다니는 길도 없었다. 휴게소는 도시에 속한 것도 아니고 시골에 속한 것도 아니었다. 바닷가에 있는 등대처럼 어떤 제3의 영역, 여행자의 영역에 속한 것 같았다.

이런 지리적인 고립 때문에 사람들이 식사를 하는 구역의 고독한 분위기가 더욱 강조되었다. 조명은 무자비하여, 창백함과 흠을 있는 그대로 드러냈다. 유치한 밝은 색으로 칠해놓은 의자들에서는 억지웃음과 같은 긴장된 명랑함이 느껴졌다. 아무도 말을 하지 않았다. 아무도 호기심이나 동료의식을 인정하지 않았다. 우리의 텅 빈 눈길은 서로를 지나쳐 음식이 나오는 카운터를 향하거나, 바깥의 어둠을 향했다. 바위들 사이에 앉아 있는 것과 다름없었다.

나는 한쪽 구석에 앉아 손가락처럼 생긴 초콜릿 바를 먹으며, 이따금 오렌지 주스를 홀짝거렸다. 외로웠다. 그러나 부드러운, 심지어 유쾌하다고 할 만한 외로움이었다. 웃음소리와 동료애를 배경으로 펼쳐지는 외로움이 아니었기 때문이다. 만일 그랬다면 내 기분과 주위 환경 사이의 대조로 인해서 괴로웠을 것이다. 그러나 이곳에서의 외로움은 모두가 나그네인 곳, 의사소통의 어려움과 사랑을 향한 좌절된 갈망이 건축과 조명에 의해서 인정을 받고 또 잔인하게 기념되는 곳에서 피어올랐다.

집단적 외로움과 마주치자 에드워드 호퍼가 그린 유화 몇 점이 떠올랐다. 그의 그림들은 황량함을 묘사하고 있지만 그 지체가 황량해 보이지는 않는다. 오히려 보는 사람이 자신의 슬픔의 메아리를 목격하게 함으로써 그 슬픔으로 인한 괴로움과 중압감으로부터 어느 정도 벗어나게 해준다. 어쩌면 우리가 슬플 때 우리를 가장 잘 위로해주는 것은 슬픈 책이고, 우리가 끌어안거나 사랑해줄 사람이 없을 때 차를 몰고 가야 할 곳은 외로운 휴게소인지도 모른다.

호퍼는 1906년 스물네 살의 나이에 파리로 갔으며, 그곳에서 보들레르의 시를 발견했다. 이후로 그는 평생 이 프랑스인의 작품을 읽고 암송하게 된다. 호퍼가 느낀 매력은 이해하기 어렵지 않다. 두 사람은 고독, 도시 생활, 근대성, 밤이 주는 위로, 여행과 관련된 장소에 대한 관심을 공유했다. 호퍼는 1925년에 처음으로 차를 샀다. 중고 다지 자동차였는데, 이것을 몰고 뉴욕의 집에서 뉴멕시코까지 갔다. 그 이후로 그는 매년 몇 달은 길 위에서 살면서 모텔 방이나 차 뒷좌석이나 야외나 식당에서 스케치를 하고 그림을 그렸다. 그는 1941년부터 1955년까지 미국을 5번이나 가로질렀다. 그는 베스트 웨스턴 모텔, 델 헤이븐 캐빈, 알라모 플라자 코트, 블루 톱 로지에 머물렀다.

호퍼는 도로변에서 "빈 방 있음, TV와 욕실 완비"라는 네온사인이 깜빡이는 곳에 마음이 끌렸다. 이런 곳의 객실에는 얇은 매트리스와 빳빳한 시트가 덮인 침대가 있었고, 커다란 창문 밖으로는 주차장이나 단정하게 정리한 작은 잔디밭이 내다보였으며, 주변에는 느지막이 도착해 새벽에 길을 떠나는 수수께끼 같은 손님들이 있었고, 접수대에는 지역의 볼거리를 안내하는 소책자들이 있었으며, 조용한 복도에는 짐을 잔뜩 실은 청소용 수레가 세워져 있었다. 호퍼는 식사를 하기 위해서 '핫숍 마이티 모 드라이브인'이나 '스테이크 앤 셰이크'나 '도그 앤 서드' 같은 식당에 들렀다. 그는 '모빌'이나 '스탠더드 오일'이나 '걸프나 블루 수노코'의 로고가 달린 주유소에서 차에 기름을 채웠다.

이렇게 무시당하던, 또 종종 조롱당하던 풍경들 속에서 호퍼는 시를 발견했다. 모텔의 시(poésie des motels), 도로변 작은 식당의 시(poésie des petits restaurants au bord d'une route). 그의 그림들(그리고 울림이 큰 제목들)은 다섯 가지 여행 장소에 대한 일관된 관심을 보여준다.

1. 호텔

「호텔 방」(1931)

「호텔 로비」(1943)

「관광객들을 위한 방들」(1945)

「철도 옆 호텔」(1952)

「호텔 창문」(1956)

「웨스턴 모텔」(1957)

2. 도로와 주유소

「메인의 도로」(1914)

「주유소」(1940)

「이스트햄 6번 도로」(1941)

「고독」(1944)

「4차선 도로」(1956)

3. 식당과 카페테리아

「자동 판매식 식당」(1927)

「카페테리아의 햇빛」(1958)

4. 기차에서 본 풍경

「철로 옆의 집」(1925)

「뉴욕, 뉴헤이븐, 하트퍼드」(1931)

「철로 제방」(1932)

「보스턴행」(1936)

「도시에 다가가며」(1946)

「도로와 나무들」(1962)

5. 기차 안과 열차의 모습

「엘 트레인의 밤」(1920)

「기관차」(1925)

「293호 열차 C칸」(1938)

「펜실베이니아의 새벽」(1942)

「특별 열차」(1965)

여기서 중심 주제는 외로움이다. 호퍼의 인물들은 집에서 멀리 떨어져 있다. 그들은 혼자 앉아 있거나 서 있다. 호텔 침대의 가장자리에서 편지를 읽거나 바에서 술을 마신다. 창밖으로 지나가는 기차를 물끄러미 바라보거나 호텔 로비에서 책을 읽는다. 상처를 받은 듯이 자기 내부를 응시하는 표정이다. 방금 누군가를 떠나왔거나 떠나보낸 것 같다. 그들은 일이나 섹스나 친구를 찾아 오래 머물지 않을 곳에서 떠돌고 있다. 시간은 주로 밤이다. 창문으로는 어둠이 다가오고, 넓은 시골 또는 낯선 도시의 위협이 그 뒤에 도사리고 있다.

「자동 판매식 식당」을 보면 여자가 혼자 앉아 커피를 마시고 있다. 늦은 시간이다. 여자의 모자와 외투로 보건대 밖은 춥다. 실내는 넓고, 불이 환하고, 텅 비어 있는 것 같다. 장식은 기능적이다. 돌을 얹은 탁자, 튼튼하게 만든 검은 나무 의자, 하얀 벽. 여자는 사람을 꺼리는 듯하고 약간 겁을 먹은 듯한 느낌도

든다. 그녀는 공공장소에 혼자 앉아 있는 것에 익숙하지 않은 것 같다. 뭔가 일이 잘못된 느낌이다. 그녀는 자기도 모르는 사이에 보는 사람에게 그녀와 관련된 이야기, 배신이나 상실의 이야기를 상상하게 만든다. 그녀는 커피를 입으로 가져가면서 손을 떨지 않으려고 애를 쓴다. 북아메리카의 어느 큰 도시의 2월의 밤 11시쯤일 것 같다.

「자동 판매식 식당」은 슬픔을 그린 그림이지만 슬픈 그림은 아니다. 이 그림은 위대하고 우울한 음악 작품과 같은 위력이 있다. 실내장식은 검박하지만, 장소 자체는 궁색해 보이지 않는다. 그 안에 있는 다른 사람들 역시 혼자일 수도 있다. 이 여자와 비슷하게 생각에 잠겨, 이 여자와 비슷하게 사람들과 거리를 두고 혼자서 커피를 마시는 남자들과 여자들. 일반적으로 공동의 고립감은 혼자서 외로운 사람이 느끼는 압박감을 덜어주는 유익한 효과가 있다. 도로변의 식당이나 심야 카페테리아, 호텔의 로비나 역의 카페 같은 외로운 공공장소에서 우리는 고립의 느낌을 희석할 수 있고, 따라서 공동체에 대한 독특한 느낌을 다시 발견할 수 있다. 가정적인 분위기의 결여, 환한 불빛, 익명의 가구는 흔히 거짓으로 느껴지기도 하는 가정의 위안으로부터 구원을 얻을 수 있는 통로로 여겨질 수도 있다. 익숙한 벽지와 액자의 사진들—우리를 실망시킨 피난처의 장식품들—이 있는 거실보다는 이곳에서 슬픔에 무너지는 것이 더 편

에드워드 호퍼, 「자동 판매식 식당」, 1927년.

할 수도 있다.

호퍼는 고립되어 있는 이 여자와 공감해보라고 우리에게 권유한다. 그녀는 위엄 있고 관대해 보인다. 어쩌면 지나치다 싶을 정도로 남을 잘 믿고, 조금은 순진할지도 모르겠다. 그러다 세상의 뾰족한 모서리에 부딪힌 것인지도 모른다. 호퍼는 우리를 그녀 편에, 내부인들과 대비되는 외부인들 편에 세운다. 호퍼의 그림에 나오는 인물들은 가정 자체와 대립하는 사람들이 아니다. 단지 여러 가지 규정할 수 없는 방식으로 가정이 그들을 배반하여, 그들을 밤이나 도로로 내몰았을 뿐이다. 24시간 식당, 역의 대합실, 모텔은 고귀한 이유로 일상 세계에서 가정을 찾지 못한 사람들—보들레르라면 시인이라는 경칭으로 명예를 베풀었을 사람들—을 위한 성소이다.

6

어스름 녘에 자동차가 숲 사이로 난 구불구불한 길을 따라 미끄러져 갈 때면, 강력한 전조등에 순간적으로 숲 한 부분의 풀밭과 나무줄기들이 환하게 드러난다. 숲이 아니라 병동에 더 어울릴 것 같은 임상적인 희고 밝은 빛 때문에 나무껍질의 결과 풀잎 하나하나를 분간할 수 있을 것 같다. 이윽고 차가 커브를 돌고 그에 따라 전조등이 잠든 땅의 다른 부분에 눈길을 돌리면, 방금 환했던 숲은 다시 미분화 상태의 음산한 어둠에 빠져든다.

도로에 다른 차는 거의 없다. 이따금씩 한 쌍의 전조등이 반대 방향으로, 밤에서 먼 쪽으로 움직여 갈 뿐이다. 자동차의 계기판은 어두운 실내에 자주색 불빛을 던진다. 갑자기, 앞의 빈터에, 불을 환하게 밝힌 공간이 나타난다. 주유소이다. 도로가 숲에서 가장 길고, 가장 빽빽한 곳으로 접어들기 전에, 밤이 땅을 완전히 장악하기 전에 만날 수 있는 마지막 주유소이다. 호퍼의 「주유소」.

관리인은 휘발유가 얼마나 남았는지 확인하러 자리를 비웠다. 실내는 따뜻하다. 한낮의 해가 내뿜는 빛처럼 환한 불빛이 안뜰을 환하게 씻어내고 있다. 라디오 소리가 들릴 것 같다. 과자, 잡지, 지도, 유리 닦는 천 등을 팔 것이고, 한쪽 벽에는 엔진오일 깡통들을 가지런하게 쌓아놓았을지도 모른다.

「주유소」는 그보다 13년 전에 그려진 「자동 판매식 식당」과 마찬가지로 고립에 관한 그림이다. 곧 다가올 어둠 속에 주유소가 홀로 서 있다. 호퍼의 손을 거치면 이 고립은 다시 한번 강렬한 매력을 발산한다. 캔버스의 오른쪽으로부터 안개처럼 펼쳐지는 어둠, 공포의 전조는 안전해 보이는 주유소와 대조를 이룬다. 밤과 야생의 숲을 배경으로 한 이 인간 세계의 마지막 전초 기지에서는 도시의 날빛 속에 있을 때보다 더 쉽게 친족

에드워드 호퍼, 「주유소」, 1940년.

같은 유대감을 형성할 수 있을지도 모른다.

인간의 작은 욕망과 허영의 상징인 커피 자판기와 잡지들은 바깥의 드넓은 비인간의 세계, 이따금 곰과 여우의 발에 나뭇가지가 부러지는 소리가 들려오는 넓디넓은 숲과 대립하여 서 있다. 올 여름에는 손톱에 자주색을 칠하는 것이 유행할 것이라는 주장—한 잡지 표지에 굵은 분홍색 글자로 적혀 있다—이, 새로 볶은 커피 원두의 향을 맡아보라는 커피 자판기 위의 권유문이 왠지 감동적으로 느껴진다. 도로가 가없는 숲으로 들어가기 전 이 마지막 정거장에서는 우리가 다른 사람들과 공유하는 것이 우리를 서로 갈라놓는 것보다 더 크게 느껴질 수 있다.

7

호퍼는 또한 기차에도 관심을 가졌다. 그는 풍경을 가로질러 가는 반쯤 빈 열차 안의 분위기에 마음이 끌렸다. 바퀴들이 바깥 철로에 부딪히며 박자에 맞춰 소리를 내는 동안 안을 지배하는 정적, 소리와 창 밖의 풍경이 어우러져 빚어지는 꿈결 같은 분위기. 이 분위기 속에서 우리는 일상적 자아 밖으로 나와, 안정된 환경에서라면 얻기 힘든 생각과 기억에 접근하게 된다. 「293호 열차 C칸」에서 책을 읽으며 열차 안과 풍경 사이로 시선을 움직이는 여자는 그러한 마음 상태에 있는 것 같다.

여행은 생각의 산파이다. 움직이는 비행기나 배나 기차보다 내적인 대화를 쉽게 이끌어내는 장소는 찾기 힘들다. 우리 눈앞에 보이는 것과 우리 머릿속에서 떠오르는 생각 사이에는 기묘하다고 말할 수 있는 상관관계가 있다. 때때로 큰 생각은 큰 광경을 요구하고, 새로운 생각은 새로운 장소를 요구한다. 다른 경우라면 멈칫거리기 일쑤인 내적인 사유도 흘러가는 풍경의 도움을 얻어 술술 진행되어 나간다.

해야 할 일이 생각뿐일 때에 정신은 그 일을 제대로 해내지 못하는 것 같다. 마치 남의 요구에 의해서 농담을 하거나 다른 사람의 말투를 흉내내야 할 때처럼 굳어버린다. 그러나 정신의 일부가 다른 일을 하고 있을 때는 생각도 쉬워진다. 예를 들어 음악을 듣고 있을 때나, 눈으로 줄지어 늘어선 나무들을 쫓을 때. 우리의 정신에는 신경증적이고, 검열관 같고, 실용적인 부분이 있는데, 이 부분은 의식에 뭔가 어려운 것이 떠오를 때면 모른 척하고, 또 기억이나 갈망이나 내성적이고 독창적인 관념들은 두려워하고 행정적이고 비인격적인 것을 좋아하는 경향이 있다. 음악이나 풍경은 이런 부분이 잠시 한눈을 팔도록 유도한다.

모든 운송수단 가운데 생각에 가장 큰 도움을 주는 것은 아마 기차일 것이다. 배나 비행기에서 보는 풍경은 단조로워질 가능성이 있지만, 열차에서 보는 풍경은 그럴 가능성이 전혀 없

에드워드 호퍼, 「293호 열차 C칸」, 1938년.

다. 열차 밖 풍경은 안달이 나지 않을 정도로 빠르게, 그러면서도 사물을 분간할 수 있을 정도로 느리게 움직인다. 어찌다 사적인 영역들이 흘끗 눈에 띄어 영감을 얻기도 한다. 예를 들면 기차는 한 여자가 부엌 찬장에서 컵을 꺼내는 바로 그 순간을 보여주었다가, 이어 테라스에서 자고 있는 한 남자의 모습을 구경시켜주었다가, 공원에서 우리의 눈에는 보이지 않는 인물이 던진 공을 잡으려는 아이의 움직임을 드러내기도 한다.

평야를 가로질러 여행하면서 나는 드물게 아무런 억제 없이 아버지의 죽음을 생각하고, 집필 중인 스탕달론論을 생각하고, 나의 두 친구 사이에 형성된 불신을 생각한다. 내 정신이 어려운 관념에 부딪혀 텅 빌 때마다 의식의 흐름은 창 밖의 대상에 달라붙어 몇 초 동안 그것을 따라간다. 그러다 보면 또 새로운 생각의 똬리가 형성되어 아무런 어려움 없이 술술 풀려나가곤 한다.

몇 시간 동안 기차를 타고 꿈을 꾸다 보면, 나 자신에게로 돌아왔다는 느낌이 들기도 한다. 즉 우리에게 중요한 감정이나 관념들과 다시 만나게 되었다는 느낌이 드는 것이다. 우리가 자신의 진정한 자아와 가장 잘 만날 수 있는 곳이 반드시 집은 아니다. 가구들은 자기들이 불변한다는 이유로 우리도 변할 수 없다고 주장한다. 가정적 환경은 우리를 일상생활 속의 나라는 인간, 본질적으로는 내가 아닐 수도 있는 인간에게 계속 묶어두려고 한다.

호텔 방들 역시 정신의 습관들에서 벗어날 수 있는 비슷한 기회를 제공한다. 이따금 건물 내장內臟에서 엘리베이터가 쉭 하고 솟아오르는 소리 외에는 아무런 소리도 들리지 않는 호텔 방에 누워 있으면, 그곳에 도착하기 전에 일어났던 일들 밑에 줄을 그을 수 있다. 우리의 경험에서 이제까지 무시해왔던 넓은 영역 위를 날아볼 수도 있다. 일상적인 일 속에서는 이르지 못했던 높이에서 우리의 삶에 대해서 생각할 수 있다. 이런 일을 할 때 우리는 주위의 낯선 세계로부터 은근한 도움을 받는다. 포장지에 싸인 채 세면대 가장자리에 놓여 있는 작은 비누들, 미니바에 진열된 아주 작은 병들, 24시간 언제라도 먹을 것을 배달해주겠다고 약속하는 룸서비스 메뉴, 25층 아래에서 소리 없이 흔들리는 미지의 도시의 모습으로부터.

늦은 밤 불현듯 강렬하고 계시적인 생각들이 떠오르면, 아침 식사 메뉴("오전 3시 이전에 바깥에 걸어주십시오")는 호텔에서 보낸 카드—내일의 날씨를 알려주면서 편안한 밤이 되기를 바란다는 인사를 전하고 있다—와 함께 호텔 방 바닥에 내팽개쳐둔 채 호텔 메모지에 그 생각들을 열심히 적기도 한다.

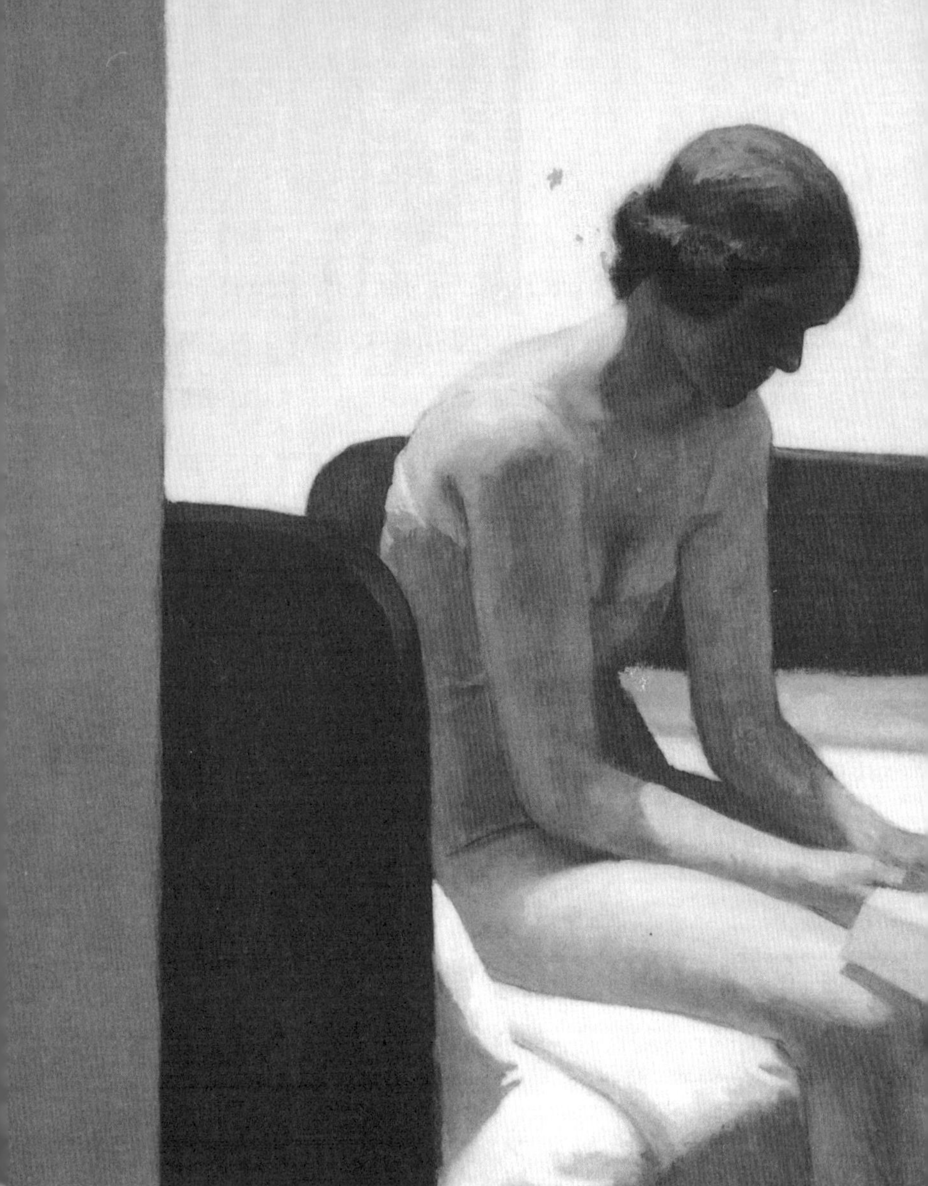

에드워드 호퍼, 「호텔 방」, 1931년.

8

우리가 여행의 과정에 부여하는 가치, 목적지와 관계없는 방랑에 부여하는 가치는 영국의 문학 비평가 레이먼드 윌리엄스가 주장하듯이, 약 200년 전에 이루어진 감수성의 폭넓은 변화와 관련이 있다. 이 변화를 통해서 외부인은 내부인보다 도덕적으로 우월한 위치를 차지하게 되었다.

> 18세기 말부터는 공동체의 관행이 아니라 방랑자가 되는 것에서 동료 의식이 생긴다. 그 결과 본질적인 고립과 침묵과 외로움이 일반적인 사회의 엄격함, 차가운 금욕, 이기적인 편안함에 맞서서 자연과 공동체의 운반자가 된다.
>
> —레이먼드 윌리엄스, 『시골과 도시』

우리가 휴게소와 모텔에서 시를 발견한다면, 공항이나 열차에 끌린다면, 그것은 아마도 그 건축학적인 불안전함과 불편에도 불구하고, 그 유별나게 화려한 색깔과 피로한 조명에도 불구하고, 이런 고립된 장소에서는 이미 터가 잡힌 일반적인 세상의 이기적인 편안함이나 습관이나 제약과는 다른 어떤 것을 느낄 수 있을 것이라고 은연중에 기대하기 때문일 것이다.

동기

III

이국적인 것에 대하여

장소 암스테르담

안내자 귀스타브 플로베르

1

암스테르담의 스히폴 공항에 내려서 터미널 안으로 불과 몇 걸음을 떼어놓았을 때 나는 천장에 걸린 안내판의 모습에 깜작 놀란다. 그것은 입국자 대합실, 출구, 환승 수속 창구로 가는 길을 알려주는 안내판이다. 밝은 노란색 바탕에, 높이는 1미터, 너비는 2미터 크기이다. 디자인은 단순하다. 안에 불을 밝힌 알루미늄 상자 안에 든 플라스틱 간판일 뿐이다. 이 상자는 전선과 환기구들이 거미줄처럼 얽힌 천장의 강철 버팀대에 매달려 있다. 그 단순함에도 불구하고, 심지어 그 세속성에도 불구하고, 이 간판은 나에게 즐거움을 준다. 일반적인 경우는 아니지만, 이국적이라는 형용사가 어울릴 것 같은 즐거움이다. 이국적 정서는 특정한 곳에서 나온다. Aankomst(도착)에서 a를 두 개 쓰는 것에, Uitgang(출구)에서 u와 i가 잇달아 나오는 것에, 외국어 밑에 영어가 쓰여 있는 것에, "책상"이라고 쓸 곳에 balies라고 쓰는 것에, 프루티거 체나 유니버스 체와 같은 실용적이면서도 모더니즘 냄새가 나는 글자체를 사용한 것에서.

그 안내판이 나에게 진정한 기쁨을 준다면, 그것은 한편으로는 내가 다른 곳에 도착했다는 첫 번째 결정적인 증거를 제공하기 때문일 것이다. 보통 사람들의 눈으로는 구별할 수 없을지 모르지만, 영국의 안내판은 절대 그런 식이 아니다. 영국에서라면 노란색이 좀 옅을 것이고, 글자체는 노스탤지어를 불러일으

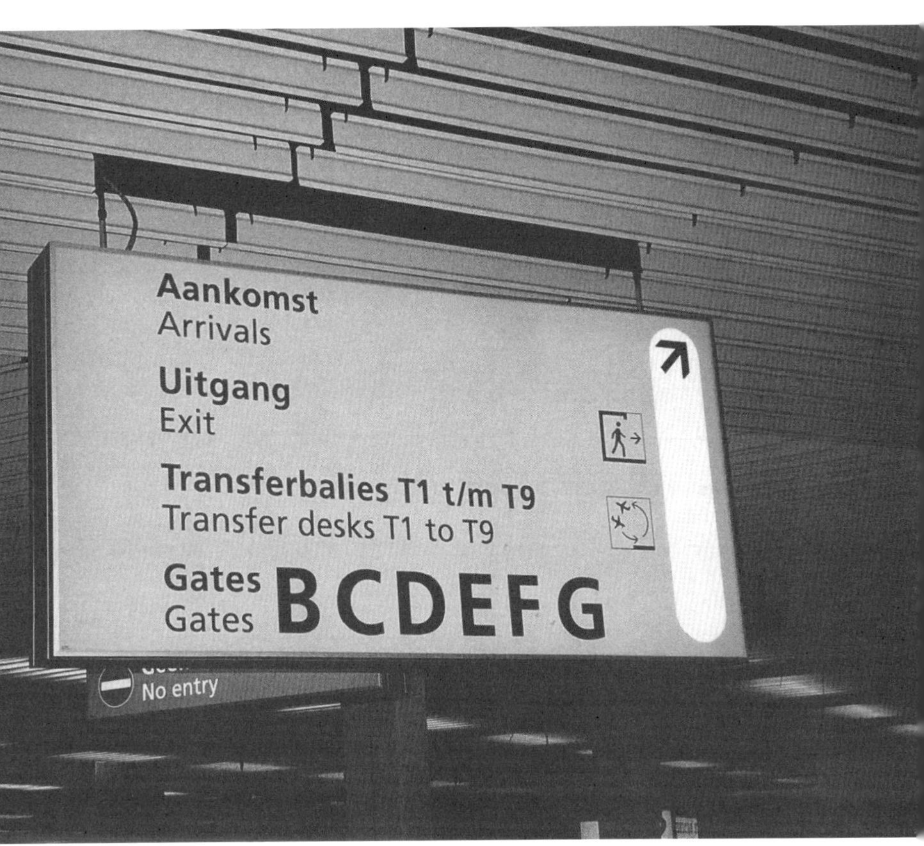
Aankomst
Arrivals
Uitgang
Exit
Transferbalies T1 t/m T9
Transfer desks T1 to T9
Gates
Gates
B C D E F G
No entry

키는 부드러운 쪽이었을 것이고, 외국 사람들이야 혼란을 느끼건 말건 외국어 표기는 하지 않을 것이고, 글자에 a가 이중으로 들어가지는 않을 것이다. 특히 이 a의 반복에서 나는 다른 역사, 다른 사고방식의 존재를 느끼며 혼란을 경험한다.

플러그 소켓, 욕실의 수도꼭지, 잼을 담는 병, 공항의 안내판은 디자이너가 의도한 것보다 훨씬 더 많은 것을 이야기해줄 수 있다. 심지어 그것을 만든 나라에 대해서 이야기해줄 수도 있다. 사실 스히폴 공항의 안내판을 만든 나라는 영국과는 아주 다른 나라인 것 같다. 민족의 특성을 연구하는 대담한 고고학자라면 이런 글자체의 연원을 20세기 초 더스테일 운동*에서 찾아볼 수도 있고, 눈에 띄는 영어 병기의 연원은 네덜란드인의 외국문화에 대한 개방성과 1602년 동인도회사의 건립에서 찾아볼 수도 있고, 안내판의 전체적인 단순성의 연원은 16세기 동맹제주同盟諸州**와 스페인 간의 전쟁 동안 네덜란드 민족성의 일부를 이루게 된 칼뱅주의적 미학에서 찾아볼 수도 있을 것이다.

두 장소에서 안내판이 이렇게 다르게 진화할 수 있다는 것은 단순하지만 유쾌한 생각을 입증해준다. 나라는 다양하고, 국경

---

* de Stijl 운동. 영어로는 the Style. 1917년 네덜란드에서 발간된 잡지 이름에서 나온 것으로, 몬드리안 등을 중심으로 한 추상 회화 운동.

** 1579년 위트레흐트 동맹으로 연합하여 스페인으로부터 독립을 선언한 네덜란드 북부의 7개 주.

을 넘어가면 관행은 변한다는 것. 그러나 차이만으로는 기쁨을 얻을 수 없다. 적어도 오랜 시간의 기쁨은. 그 차이가 영국에서 얻을 수 있는 것보다 더 나아 보여야 한다. 내가 스히폴 공항의 안내판이 이국적이라고 느낀 것은 이 안내판으로부터 그것을 만든 나라, 공항의 아위트강uitgang 너머에 있는 나라가 몇 가지 중요한 점에서 영국보다 내 기질과 관심에 더 맞을 것이라는 암시, 모호하지만 강렬한 암시를 받았기 때문일 것이다.

2

전통적으로 **이국적**이라는 말은 네덜란드의 안내판보다는 뱀을 부리는 사람이라든가, 하렘이라든가, 첨탑이라든가, 낙타라든가, 수크*라든가, 콧수염을 기른 하인이 주전자를 높이 쳐들고 쟁반에 놓인 작은 유리잔에 따라준 박하차와 같은 좀더 화려한 풍물에 붙이는 말이었다.

19세기 전반기에 이 말은 중동中東이라는 말과 동의어가 되었다. 빅토르 위고는 1829년에 『동방시집』이라는 연작시를 발표하면서 그 서문에서 이렇게 말했다. "우리는 이전 그 어느 때보다 동양에 더 많은 관심을 가지고 있다. 동양은 일반인이 깊이

---

* 북아프리카나 중동의 야외 시장.

몰두하는 주제가 되었으며, 이 책의 저자는 그 점에 경의를 표해왔다."

위고의 시에는 유럽의 동양 문학의 주된 요소라고 할 만한 것들이 등장한다. 해적, 파샤,* 술탄, 향신료, 콧수염, 데르비시.** 등장인물들은 작은 유리잔으로 박하차를 마신다. 그의 작품들은 『천일야화』, 월터 스콧의 동양 소설들, 바이런의 『지아우르』 등과 마찬가지로 독자들의 열렬한 환영을 받았다. 1832년 외젠 들라크루아는 그림으로 동양의 이국적 정취를 포착하기 위해서 북아프리카로 떠났다. 그는 탕헤르에 도착한 지 석 달이 되기도 전에 그 지방의 옷을 입고 다녔으며, 형에게 편지를 보낼 때는 끝에 "아프리카인"이라고 서명했다.

심지어 유럽의 공공장소도 겉모습이 점점 동양적으로 변해갔다. 1833년 9월 14일 센 강변의 루앙 근처에서는 군중이 줄지어 서서 파리를 향해 거슬러오는 프랑스 군함 룩소르 호를 환영했다. 이 배는 특별 제작한 화물칸에 테베의 신전 단지에서 가져온 거대한 오벨리스크를 싣고 있었다. 이 오벨리스크는 콩코르드 광장의 교통 섬으로 가는 길이었다.

구경하러 나온 사람들 사이에는 귀스타브 플로베르라는 이

* 터키의 문무 고관.

** 이슬람교에서 고행을 하는 수도자.

름의 우울해 보이는 열두 살 난 소년이 있었다. 그의 가장 큰 꿈은 루앙을 떠나 이집트로 가서 낙타를 모는 사람이 되어, 하렘에서 코밑에 솜털 자국이 있는 올리브 빛 피부를 가진 여자에게 동정童貞을 잃는 것이었다.

이 어린아이는 루앙을, 아니 프랑스 전체를 무척 경멸했다. 그는 학교 친구 에르네스트 슈발리에에게 "철도, 독毒, 크림 타르트, 왕권, 단두대"를 만들어낸 것을 자랑하는 이 "좋은 문명"에 경멸밖에 느낄 수 없다고 말했다. 그의 삶은 "황폐하고, 무미건조하고, 고달팠다." 그는 일기에 이렇게 썼다. "종종 행인의 머리를 날려버리고 싶은 생각이 든다. 지겹다, 지겹다, 지겹다." 그는 프랑스에, 특히 루앙에서 사는 것이 정말 지겹다는 이야기를 되풀이했다. 그는 어느 비참한 일요일을 마무리 지으면서 이렇게 말하기도 했다. "오늘 나의 권태는 정말 끔찍했다. 프랑스의 지방 도시는 얼마나 아름답고, 그곳에서 안락하게 살아가는 사람들은 얼마나 세련되었는지! 그들의 이야기는……세금과 도로 개선에 대한 것이다. **이웃**은 놀라운 제도이다. 그것이 사회에서 차지하는 중요한 위치를 완전하게 표현하려면 그 단어는 늘 굵은 글자로만 써야 할 것이다. **이웃**."

플로베르는 그의 주변에 만연한 편협한 태도와 공민 정신으로부터 그를 구원해줄 수 있는 곳이 동양이라고 생각했다. 중동에 대한 언급은 그의 초기 글과 서신 어디에서나 찾아볼 수

외젠 들라크루아, 「어느 아랍 주택의 문과 퇴창」, 1832년.

있다. 플로베르가 열다섯 살 때인 1836년(그는 학교에 다니고 있었는데 루앙 시장을 죽이는 공상을 하곤 했다)에 쓴 『분노와 무능』에서 작가는 중심인물인 오믈랭 씨에게 자신의 동양에 대한 환상들을 투사했다. 오믈랭 씨는 동양을 갈망했다. "타오르는 태양, 파란 하늘, 황금 첨탑……모래를 헤치고 가는 대상隊商의 동양이여!—동양이여!……아시아 여자들의 햇볕에 그을린 올리브 빛 피부여!"

1839년(프랑스의 작가 프랑수아 라블레를 읽고 있던 플로베르는 루앙 전체가 다 들을 수 있도록 큰 소리로 방귀를 뀌고 싶었다)에 쓴 자전적인 이야기 『미치광이의 기억』에서는 주인공이 중동을 동경하며 보낸 젊음을 돌아본다. "나는 머나먼 남쪽 땅들을 여행하는 꿈을 꾸었다. 나는 동양을 보았다. 광대한 사막과 놋쇠 종을 단 낙타들이 우글거리는 왕궁을 보았다……. 나는 파란 바다, 순수한 하늘, 은빛 모래, 햇볕에 그을린 피부와 타는 듯한 눈에 후리*의 언어로 나에게 소곤거리는 여자들을 보았다."

2년 뒤(이 무렵 플로베르는 루앙을 떠나 아버지의 뜻에 따라 파리에서 법을 공부하고 있었다)에 쓴 『11월』에서 주인공은 철도, 부르주아 문명, 변호사를 싫어하며, 자신을 동양의 상인과 동일시한다. "아! 지금 낙타 등을 타고 달리고 있다면! 앞에는 붉은

* 이슬람에서 말하는 극락의 천녀.

하늘과 갈색 모래밭이 펼쳐져 있고, 타오르는 지평선 위로 물결이 이는 듯한 풍경이 가없이 펼쳐져 있겠지……저녁이면 천막을 치고 단봉낙타에 물을 먹이고 사막 멀리서 울부짖는 자칼들을 쫓기 위해서 불을 피운다. 아침이면 오아시스에서 조롱박에 물을 채운다."

플로베르의 마음속에서 **행복**이라는 말은 **동양**이라는 말과 바꾸어 쓸 수 있는 것이 되었다. 공부, 연애의 실패, 부모의 기대, 날씨와 거기에 따른 농부들의 불평(두 주일 동안 비가 내리면서 루앙 근처의 홍수가 난 밭에서 소 몇 마리가 물에 빠져 죽었다) 등으로 인해서 절망에 빠진 상황에서 플로베르는 슈발리에에게 편지를 썼다. "내 꿈속에서는 그렇게 아름답고, 그렇게 시적이고, 그렇게 광대하고, 그렇게 사랑으로 가득한 나의 삶은 결국 다른 모든 사람의 삶과 같은 것이 되어버릴 거야. 단조롭고, 양식 있고, 멍청한 삶. 나는 법대에 다니고, 변호사가 되고, 결국 이베토나 디에프 같은 조그만 지방 도시의 품위 있는 지방 검사보가 되겠지……. 영광, 사랑, 승리, 여행, 동양을 꿈꾸었던 가엾은 미치광이가 말이야."

북아프리카, 사우디아라비아, 이집트, 팔레스타인, 시리아의 해안에 사는 사람들은 한 젊은 프랑스인이 막연하게나마 그들의 땅을 모든 좋은 것과 동의어로 여겼다는 것을 알면 깜짝 놀랄지도 모른다. "태양 만세, 오렌지 나무, 야자나무, 연꽃 만세,

바닥에는 대리석이 깔리고 나무로 벽을 친 방에서는 사랑의 이야기가 흘러나오는 서늘한 천막 만세!" 플로베르는 그렇게 탄성을 지르고 덧붙였다. "낙타들이 우물가로 쉬러 오는 저녁 무렵이면 하이에나들이 왕들의 미라 밑에서 울부짖는 묘지들의 도시를 나는 결코 볼 수 없단 말인가?"

사실은 볼 수 있었다. 귀스타브가 스물네 살이 되었을 때 아버지의 갑작스런 사망으로 그는 많은 유산을 물려받았다. 덕분에 그는 자신의 운명으로 받아들인 부르주아의 길, 그리고 그 길에 따라오는, 물에 빠져죽은 소들에 대한 잡담으로부터 비켜설 수 있었다. 그는 즉시 친구 막심 뒤 캉의 도움을 받아 이집트 여행 계획을 세웠다. 뒤 캉은 그와 함께 공부하던 학생으로, 동양에 대한 열정을 공유했을 뿐만 아니라, 그곳으로 여행을 가고 싶어하는 사람에게 반드시 필요하다고 할 수 있는 실용적인 정신까지 갖춘 사람이었다.

동양에 열광하던 두 사람은 1849년 10월 말 파리를 떠나, 마르세유로부터 폭풍우가 치는 바다를 건너 11월 중순에 알렉산드리아에 도착했다. 플로베르는 어머니에게 편지를 썼다. "이집트 해안을 두 시간 남겨두었을 때, 저는 조타수와 함께 이물에 올라 파란 지중해 위로 검은 돔처럼 보이는 압바스 파샤의 궁전을 보았습니다. 해가 지중해를 강하게 두드려대고 있었습니다. 저는 바다 위의 녹은 은 같은 강렬한 빛을 통해, 아니 그 빛

속에서 동양을 처음으로 보았습니다. 곧 해안이 눈에 들어왔습니다. 우리가 뭍에서 처음 본 것은 몰이꾼이 끌고 기는 낙디 한 쌍이었습니다. 그리고 부두에서 평화롭게 낚시를 하고 있는 아랍인들이었습니다. 우리가 내리자 귀가 멍멍할 정도의 아우성이 들려왔습니다. 흑인 남자, 흑인 여자, 낙타, 터번을 두른 사람과 그 좌우의 처첩들이 목구멍에서 나오는 소리를 질러대는 바람에 귀가 찢어질 것 같았습니다. 저는 건초로 배를 채우는 당나귀처럼 색깔들을 집어삼켜 배를 가득 채웠습니다."

3

나는 암스테르담에서 요르단 지구의 작은 호텔을 숙소로 정하고, 카페에서 점심(로게브로드 멧 하링 엔 아위트예스*)을 먹은 후에 도시의 서쪽 구역으로 산책을 나갔다. 플로베르의 알렉산드리아에서, 이국적인 것들은 낙타들이나 평화롭게 낚시를 하는 아랍인들이나 목구멍에서 나오는 외침 주위에 모여 있었다. 현대의 암스테르담에서도 그와 다르기는 하지만 그래도 유사한 예들을 찾을 수 있었다. 건물은 묘한 흰색의 모르타르로 붙여 놓은 길쭉한 연분홍 벽돌로 쌓아올렸다(영국이나 북아메리카의

* 청어와 작은 양파를 곁들인 호밀 빵.

벽돌 쌓기보다 규칙적이었으며, 프랑스나 독일 건물의 벽돌들과는 달리 외부에 노출되어 있었다). 거리에는 20세기 초에 지은 좁은 아파트 블록들이 길게 줄을 지어 있었다. 1층에는 커다란 창문들이 달려 있었고, 집마다 밖에 자전거가 세워져 있었다(대학 도시가 생각났다). 거리의 시설들은 뭐랄까, 민주적인 꾀죄죄함 같은 것을 과시하고 있었다. 겉을 화려하게 꾸민 건물은 없었다. 곧은 도로에는 군데군데 작은 공원들이 박혀 있어, 이 도시를 계획한 사람들이 사회주의적인 전원도시를 꿈꾸었다는 것을 느낄 수 있었다. 똑같은 아파트 건물들이 줄지어 선 어느 거리에서 나는 빨간 현관문 앞에 멈추어 섰다. 갑자기 그곳에서 내 남은 생을 보내고 싶다는 강렬한 갈망이 솟아올랐다. 머리 위의 2층에는 커다란 창이 3개 있었다. 커튼은 없었다. 벽은 흰색이었고, 장식이라고는 작은 파란색과 빨간색 점들로 덮인 커다란 그림 한 점뿐이었다. 벽을 향하고 있는 떡갈나무 책상, 커다란 책꽂이, 팔걸이의자가 보였다. 이 공간이 내포한 삶을 가지고 싶었다. 자전거를 가지고 싶었다. 매일 저녁 빨간 현관문에 열쇠를 꽂고 돌리고 싶었다. 어스름 녘에 커튼 없는 창가에 서서 맞은편의 똑같은 아파트들을 바라보다가 에르웬트소엡 멧 로거브로드 엔 스펙*으로 대충 끼니를 때우고 하얀 방에서 하

* 호밀 빵과 베이컨을 곁들인 콩 수프.

암스테르담 거리.

얀 시트가 덮인 침대에 엎드려 책을 읽고 싶었다.

왜 다른 나라에서 현관문 같은 작은 것에 유혹을 느낄까? 왜 전차가 있고 사람들이 집에 커튼을 달지 않는다는 이유로 어떤 장소에 사랑을 느낄까? 그런 작고(또 말없는) 외국적인 요소들이 강렬한 반응을 일으킨다는 것이 터무니없어 보일지도 모른다. 그러나 우리의 삶의 다른 곳에서도 비슷한 반응 양식을 쉽게 찾아낼 수 있다. 우리는 사랑의 감정이 상대가 빵에 버터를 바르는 방식에 닻을 내리고 있다는 것을 깨닫기도 하고, 또 상대가 구두를 고르는 취향을 보고 자신도 모르게 움찔하기도 한다. 이런 사소한 일에 영향을 받는다고 우리 자신을 비난하는 것은 자잘한 것들도 그 속에는 풍부한 의미를 품을 수 있다는 사실을 무시하는 것이다.

내가 그 아파트 건물을 사랑하게 된 것은 그 건물이 수수하다고 생각했기 때문이다. 그 건물은 편안하기는 했지만 웅장하지는 않았다. 그 건물은 이곳이 경제적 중용에 매력을 느끼는 사회임을 암시했다. 그리고 그 설계에는 솔직함이 있었다. 런던의 현관은 고전시대 신전의 모습을 흉내내는 경향이 있는 반면, 암스테르담의 현관은 자신의 지위를 인정하고, 기둥과 석고를 피하여 단정하고 장식 없는 벽돌을 택했다. 건물은 가장 좋은 의미에서 현대적이었으며, 질서와 청결과 빛을 옹호했다.

이국적이라는 말을 좀더 일시적이고 사소한 맥락에서 생각한다면, 외국에서 만나는 장소의 매력은 새로움과 변화라는 단순한 관념으로부터 나온다. 예를 들어 고향이라면 말이 있을 만한 곳에 낙타가 있다거나, 고향이라면 기둥을 세운 아파트 건물이 있을 만한 곳에 장식이 없는 아파트 건물이 있다거나. 그러나 좀더 심오한 기쁨도 있을 수 있다. 우리는 외국의 요소들이 새롭기 때문만이 아니라, 우리의 정체성이나 신조에 좀더 충실하게 들어맞기 때문에 귀중하게 생각할 수도 있다. 이것은 고향에서는 느낄 수 없었던 것일 수도 있다.

암스테르담에서 내가 열광한 것은 그런 경우였다. 그것은 영국에 대한 나의 불만과 관련되어 있었다. 현대성이나 미학적 단순성의 결여, 도시적 삶에 대한 저항, 그물 커튼을 걸어두는 심리에 대한 불만.

우리가 외국에서 이국적이라고 생각하는 것은 우리가 고향에서 갈망했으나 얻지 못한 것일 수도 있는 것이다.

4

왜 플로베르가 이집트를 이국적이라고 생각했는지 이해하기 위해서는 우선 프랑스에 대한 그의 감정을 살펴보는 것이 유용할 것 같다. 이집트에서 그가 이국적이라고—즉 새로운 동시에 귀중하다고—생각할 만한 것은 여러 가지 면에서 볼 때 고향에서 그가 분노했던 것의 이면이다. 그가 분노했던 것은 거칠게 말하자면 프랑스 부르주아지의 신념과 행동이었다. 이것은 나폴레옹의 몰락 이후 사회의 지배적인 힘이 되어 언론, 정치, 예절, 공적 생활의 기조를 규정했다. 플로베르가 보기에 프랑스의 부르주아지는 가장 극단적인 내숭, 속물근성, 거드름, 인종차별, 오만의 진열장이었다. 그는 분노를 꾹꾹 누르면서 이렇게 불평했다. "이상하게도 [부르주아지가 하는] 가장 진부한 말에 가끔 놀라곤 한다. 그것에는 도저히 보아 넘기기 힘든 몸짓과 목소리가 있기 때문이다. 머리가 어찔할 정도의 멍청한 말이 있기 때문이다……. 부르주아지는……나에게는 불가해한 존재이다." 그럼에도 그는 그것을 헤아리려고 30년 동안 노력했으며, 이것은 프랑스 부르주아지의 가장 눈에 띄는 멍청한 편견들을 풍자적으로 분류해놓은 『통상 관념 사전』에 가장 포괄적으로 정리되어 있다.

주제별로 정리해놓은 이 사전의 항목들 중에서 몇 가지만 살펴보아도 고향에 대한 그의 불만의 방향을 짐작할 수 있다. 이것이 또한 이집트에 대한 찬사의 기초이기도 했다.

예술적 노력에 대한 의심

건축가 모두 백치들. 늘 집 안에 계단을 설치하는 것을 잊는다.

압생트 매우 강력한 독약. 한 잔만 마셔도 시체가 된다. 기자들은 기사를 쓰면서 이것을 마신다. 베두인족보다도 이것 때문에 죽은 병사가 많다.

다른 나라(그리고 그곳의 동물)에 대한 불관용과 무지

검다 늘 앞에 "흑단처럼"이라는 말이 붙어야 한다.

쌍봉낙타 혹이 두 개이고, 단봉낙타는 혹이 하나이다. 아니면 쌍봉낙타가 혹이 하나이고, 단봉낙타가 두 개이다. 아무도 어느 쪽이 맞는지 모른다.

야자나무 지방색을 제공한다.

영국 여자 그들도 예쁜 자식을 낳을 수 있다는 사실에 놀란다.

오아시스 사막에 있는 여인숙.

이탈리아인 모두 음악에 뛰어나다. 배신을 밥 먹듯이 한다.

존 불* 영국인의 이름을 모르면 그를 존 불이라고 불러라.

코끼리 기억력과 태양 숭배로 유명하다.

코란 마호메트가 쓴 책. 전부 여자 이야기이다.

프랑스인 세상에서 가장 위대한 민족.

하렘의 여자 모든 동양 여자는 하렘의 여자이다.

호텔 스위스에만 일류가 있다.

흑인 그들의 침이 흰색이고, 그들이 프랑스어를 할 수 있다는

* 전형적인 영국인을 가리키는 별명.

것에 놀란다.

흑인 여자 백인 여자들보다 뜨겁다(브루넷과 블론드 참조).

사내다움/진지함

주먹 프랑스를 다스리기 위해서는 강철 주먹이 필요하다.

총 시골에서는 늘 하나 가지고 다녀라.

턱수염 힘의 상징. 턱수염을 너무 많이 기르면 대머리가 된다. 넥타이를 보호하는 데에 도움이 된다. (플로베르는 1846년 8월 루이스 콜레에게 이런 편지를 썼다. "나는 본질적으로 진지한 사람이지만, 나 자신이 매우 우스꽝스럽다는 것을 알기 때문에 스스로를 진지하게 받아들일 수가 없습니다. 슬랩스틱 코미디처럼 좁은 의미에서 우스꽝스럽다는 것이 아닙니다. 인간 삶에 내재하여 가장 단순한 행동과 가장 평범한 몸짓으로 표현되는 우스꽝스러움을 이야기하는 것입니다. 예를 들어, 나는 면도를 할 때면 웃음을 터뜨리곤 합니다. 너무 백치 같아 보여서 말입니다. 하지만 이런 것은 설명하기가 몹시 어렵군요.")

감상적인 태도

동물 "동물이 말할 수만 있다면! 인간보다 똑똑한 것들도 있을 텐데."

영감(시적인) 바다, 사랑, 여자 등을 보면서 얻는다.

영성체領聖體 첫 영성체. 인생에서 가장 중요한 날.

착각 아주 많은 것을 가진 척하다가, 그것들을 다 잃었다고 불평한다.

진보에 대한 믿음/테크놀로지에 대한 자부심

철도 열광적인 태도로 이렇게 말한다. "선생님, 지금 선생님과 말씀을 나누고 있는 저는 오늘 아침에 X에 있었습니다. 저는 기차를 타고 Y에 가서, 그곳에서 사무를 처리하고, Z시時에 이곳에 돌아왔습니다."

허세

노인 홍수, 폭풍 등을 이야기할 때마다 늘 더 심한 경우는 본 기억이 없다고 말한다.

디드로 달랑베르*는 늘 그를 추종했다.

멜론 저녁식사 자리에서 좋은 화젯거리. 채소인가 과일인가? 영국인들은 이것을 후식으로 먹는다는데, 그럴 수도 있나?

뱀 모두 독이 있다.

버섯 시장에서만 사야 하는 것.

산책 저녁식사 후에 늘 하는 것. 소화에 도움이 된다.

---

* 드니 디드로(1713–1784)와 장 르 롱 달랑베르(1717–1783)는 둘 다 프랑스 계몽주의 시대의 백과전서파에 속하는 인물들.

성경 세상에서 가장 오래된 책.

십자군 베네치아의 교역에 이익을 주었다.

침실 옛 성에 있는 것. 헨리 4세는 늘 그곳에서 밤을 보냈다.

깐깐함/억압된 성

브루넷 블론드보다 뜨겁다(블론드 참조).*

블론드 브루넷보다 뜨겁다(브루넷 참조).

성 피해야 할 단어. 대신에 "내밀한 사건이 일어났다……"고 말한다.

5

이 모든 것을 고려해볼 때 플로베르가 관심을 가진 곳이 구체적으로 중동이었다는 사실은 우연의 일치도 아니고, 단지 유행에 따른 것도 아닌 듯하다. 그의 기질에 논리적으로 딱 들어맞았던 것이다. 그가 이집트에서 사랑한 것은 그의 인격의 중심을 이루는 측면들로까지 그 유래를 거슬러올라갈 수 있다. 이집트는 플로베르의 정체성의 일부를 이루지만 그 자신의 사회에서는 거의 공감을 얻지 못했던 관념과 가치들을 지지해주었다.

---

* 블론드는 살결이 흰 금발의 여성이고, 브루넷은 살갗과 머리와 눈이 거무스름한 여성.

(1) 혼돈에서 나오는 이국정서

플로베르는 알렉산드리아에 상륙했던 날부터 이집트 삶의 시각적, 청각적 혼돈을 보았고, 그 안에서 편안함을 느꼈다. 사공들은 소리를 지르고, 누비아인 짐꾼들은 손님을 부르고, 상인들은 흥정을 하고, 거기에 닭 잡는 소리, 채찍에 맞는 당나귀 소리, 신음을 토하는 낙타 소리까지.

플로베르는 이 거리에 대해서 이렇게 말했다. "야생동물의 울부짖음처럼 들리는 쉰 목소리, 웃음소리, 흐느적거리는 듯한 하얀 가운, 두툼한 입술 사이로 번쩍이는 상아색 치아, 먼지가 덮인 발과 목걸이와 팔찌. 잠을 자다가 갑자기 베토벤의 교향곡 한가운데로 끌려들어온 느낌이다. 귀를 찢을 듯이 울부짖는 금관 악기, 우르릉거리는 베이스, 한숨을 쉬는 플루트. 각각의 소리가 나를 움켜쥐려고 팔을 뻗는다. 나를 꼬집는다. 집중할수록 전체는 파악하기 힘들다……. 워낙 당혹스러운 색깔들의 혼돈이라 우리의 가엾은 상상력은 계속되는 불꽃놀이를 맞이한 듯 눈이 부시다. 하얀 황새들이 빽빽한 첨탑, 햇빛을 받으며 늘어져 있는 테라스의 지친 노예들, 벽에 어른거리는 무화과 가지들. 거기에 귀에 종을 울려대는 낙타들, 말과 당나귀와 행상인들로 혼잡한 거리에서 매에 하고 우는 검은 염소 무리."

플로베르는 풍요로운 아름다움을 좋아했다. 그는 자주색, 황금색, 청록색을 좋아했으며, 따라서 이집트 건축의 색깔들을

「카이로의 비단 시장」, 데이비드 로버츠의 스케치를 루이스 해그가 석판화로 만든 것.

반겼다. 영국의 여행자 에드워드 레인은 1833년에 처음 나오고 1842년에 개정판이 나온 『현대 이집트인들의 풍속과 관습』에서 이집트 상인이 사는 집의 전형적인 실내를 이렇게 묘사했다. "격자무늬로 만든 창 말고도 색유리를 넣은 창이 있는데, 이 창들은 꽃다발, 공작을 비롯하여 화려하고 야한 대상들을 묘사하기도 하고, 단지 환상적인 무늬만 보여주기도 한다……. 어느 아파트의 석고를 바른 벽에는 메카 신전, 예언자의 무덤, 꽃이나 다른 대상들을 묘사한 서툰 그림들이 있는데, 이것은 이곳의 이슬람 화가들이 그린 것이다……. 때때로 장식적인 필체로 쓴 아랍어 격언이 아름답게 새겨져 있는 경우도 있다."

이집트의 화려한 특질은 이집트인들이 아주 평범한 상황에서 사용하는 언어에까지 확장되어 있었다. 플로베르는 몇 가지 예를 들었다. "얼마 전에 내가 가게에서 씨앗들을 보고 있을 때, 전에 나한테서 뭔가를 받았던 여자가 말했다. '착하신 주인님, 주인님께 축복이 내리기를. 신께서 주인님이 무사히 고향땅에 돌아가도록 해주시기를 빌게요.'……[막심 뒤 캉이] 한 말구종에게 피곤하지 않느냐고 묻자 그는 이렇게 대답했다. '주인님이 저를 봐주시는 즐거움만으로 충분합니다.'"

왜 이런 혼돈, 이런 풍요가 플로베르의 마음을 그렇게 크게 움직였을까? 삶은 근본적으로 혼돈이며, 예술을 제외하면 질서를 창조하려는 모든 시도는 우리 삶의 조건에 대한 부인, 까

에드워드 레인의 『현대 이집트인들의 풍속과 관습』(1842)에 나온 판화 「카이로의 개인 주택들」.

다룹게 굴면서 내숭이나 떠는 부인 행위라는 그의 믿음 때문이었다. 그는 이집트에서 돌아온 지 몇 달이 지나지 않은 1851년 9월 런던에 가서 애인 루이스 콜레에게 편지를 보내 자신의 감정을 표현했다. "막 하이게이트 공동묘지에 산책을 다녀왔습니다. 이집트와 에트루리아의 건축을 어떻게 그렇게 엉망으로 개악改惡할 수 있는 것인지! 얼마나 단정하고 말쑥한지! 그곳에 있는 사람들은 하얀 장갑을 끼고 죽은 것 같더군요. 깨끗하게 가래질을 해놓은 꽃밭에 꽃들이 피어 있는, 무덤 주위의 작은 정원이 마음에 들지 않았습니다. 이런 대립되는 것을 볼 때면 꼭 나쁜 소설에서 나온 것 같다는 느낌이 들곤 합니다. 나는 공동묘지라고 할 때는 황폐하고, 손상되고, 폐허가 된 곳, 가시나무와 키 큰 잡초가 무성하고, 이웃 들판에서 빠져나온 암소 한 마리가 조용히 풀을 뜯고 있는 곳이라야 마음에 듭니다. 이것이 제복을 입은 경찰관보다 더 낫다는 것을 받아들여야 합니다! 질서란 얼마나 어리석은 것인지!"

(2) 똥 누는 당나귀의 이국정서

플로베르가 이집트의 수도에 도착하고 나서 몇 달이 지났을 때였다. "어제 우리는 카이로에서 최고로 꼽히는 카페에 들어갔는데, 우리가 있는 동안 안에서 당나귀는 똥을 누고 한 신사는 구석에서 오줌을 누웠네. 아무도 그런 것을 이상하게 생각하지 않아. 아무도 뭐라고 하지 않지." 플로베르의 눈에도 뭐라고 하지 않는 것이 옳았다.

플로베르 철학의 핵심은 인간은 영적인 피조물일 뿐만 아니라, 오줌을 누고 똥을 누는 피조물이라는 믿음, 이런 솔직한 생각도 우리의 세계관에 합쳐져야 한다는 믿음이었다. "사실상 진흙과 똥으로 이루어져 있는 인간의 몸, 그리고 돼지나 사면발니보다 낮은 수준의 본능을 가지고 있는 인간의 몸에는 순수하고 비물질적인 것은 하나도 들어 있지 않다고 생각하네." 이것은 그가 에르네스트 슈발리에에게 한 말이다. 이것은 인간에게 이보다 높은 영역이 없다는 말이 아니다. 단지 플로베르는 당대의 내숭과 독선을 보면서 이따금씩 카페에서 오줌을 누는 사람들의 편을 들어 다른 사람들에게 인류의 불순한 면들을 지적하고 싶은 욕구를 느꼈을 뿐이다(심지어 비역, 근친상간, 강간, 미성년 섹스의 옹호자였던 사드 후작의 편을 들고 싶은 욕구도 느꼈다. 그는 슈발리에에게 이렇게 편지를 썼다. "방금 자냉[유명한 비평가]이 사드에 관해 쓴 전기적인 글을 읽었는데, 몹시 역겨웠네. 물론 도덕성, 박애주의, 처녀성을 빼앗긴 여자를 옹호하고 나선 자냉에 대한 역겨움이지……").

플로베르는 이집트의 문화에서 똥-정신, 생명-죽음, 성-순결, 광기-제정신 등 삶의 이중성을 선선히 받아들이는 태도를 발견하고 반가워했다. 사람들은 식당에서 속이 시원하게 트림을 했다. 카이로의 거리에서는 예닐곱 살 먹은 남자아이가 플로베르 옆을 지나가다가 큰 소리로 인사를 했다. "만복을 누리시기 바랍니다. 특히 거시기가 길어지는 복을요." 에드워드 레인도 이런 이중성에 주목했지만, 그는 플로베르보다는 자냉과 비슷한 반응을 보였다. "이집트에서는 남자든 여자든, 사회적 지위에 상관없이 아주 상스러운 말을 마음대로 써가며 대화를 나눈다. 심지어 아주 덕망 있고 존경받는 여자들도 예외가 아니다. 최고의 교육을 받았다는 사람들도 질이 낮은 매음굴에나 어울릴 것 같은 외설적인 표현을 쓰는 경우가 흔하다. 가장 고상하다고 하는 여자들도 남자들이 듣는 데서 자신이 천하게 보이든 말든, 우리 나라에서는 매춘부들도 언급하기를 삼갈 것을 직설적으로 표현하고, 그것과 관련된 화제를 입에 올린다."

(3) 낙타의 이국정서

플로베르는 카이로에서 보낸 편지에서 이렇게 쓰고 있다. "가장 훌륭한 것은 낙타입니다. 당나귀처럼 비틀거리고 백조처럼 목을 움직이는 이 묘한 짐승은 암만 봐도 물리지 않습니다. 나는 진이 빠질 때까지 낙타 울음을 흉내내는 연습을 합니다. 집에 갈 때까지 익혀서 가려는 것인데, 그대로 따라하기가 쉽지 않군요. 종이 딸랑거리는 소리 비슷한데, 거기에 양치질하면서 떠는 듯한 소리가 덧붙여집니다." 그는 이집트를 떠나고 나서 몇 달

뒤에 가족의 친구에게 편지를 쓰면서 이 나라에서 가장 감명 깊었던 것들을 나열했다. 피라미드, 카르나크의 신전, '왕들의 계곡', 카이로의 무희 몇 명, 하산 엘 빌베이스라는 이름의 화가. "그러나 내가 진짜로 좋아했던 것은 낙타이지요(내가 농담을 한다고 생각하지는 말아주십시오). 이 우울한 짐승처럼 독특한 우아함을 지닌 생물은 본 적이 없습니다. 낙타들이 병사들처럼 한 줄로 서서 지평선을 가로질러 나아가는 모습을 한번 보셔야 합니다. 타조처럼 고개를 쭉 빼고, 끝도 없이 가지요, 끝도 없이……."

왜 플로베르는 낙타에 그렇게 감탄했을까? 그 금욕주의와 볼품없는 모습과 자기 동일시를 했기 때문이다. 그는 그 슬픈 표정에, 어색함과 숙명적인 쾌활함의 결합에 감동을 받았다. 이집트 사람들도 낙타의 특성을 얼마간 공유하는 것 같았다. 그들이 보여주는 말없는 힘과 겸손은 플로베르 자신이 속한 노르망디 사람들의 부르주아적인 오만과 대조를 이루었다.

플로베르는 어린 시절부터 자기 나라의 낙관주의에 분개했다. 이런 감정은『보바리 부인』에서 가장 혐오스러운 인물인 약제사 오메의 잔혹한 과학적 믿음을 묘사할 때 그대로 드러났다. 예측할 수 있는 일이지만, 플로베르 자신의 전망은 비관적이었다. "날이 저물 무렵이다, 똥 같구나. 인간의 모든 비참함에도 불구하고 우리는 이 강력한 말로 우리 자신을 위로할 수 있구나. 그래서 나는 그 말을 즐겨 반복한다. 똥, 똥." 이것은 이집트 낙타의 슬프고 고귀하면서도 약간은 짓궂어 보이는 눈에도 반영되어 있는 철학이었다.

6

암스테르담의 트웨이데 헬메르스 거리와 에이르스트테 콘스탄티예인 호이겐스 거리가 만나는 곳에서 20대 후반의 여자가 보도를 따라 자전거를 끌고 가는 모습이 눈에 띈다. 적갈색의 머리카락은 한 갈래로 묶어 둥글게 말았다. 오렌지색 풀오버 스웨터와 긴 잿빛 외투, 낮은 갈색 구두 차림에 실용적으로 보이는 안경을 썼다. 당당하게 아무런 호기심 없이 걷는 모습을 보니, 이곳은 그녀의 구역인 것 같다. 자전거 핸들의 앞쪽에 걸린 바구니에는 빵과 "고드아펠테이에Goodappeltje"라고 적힌 종이 용기가 보인다. 그녀는 자신의 사과 주스 용기에 모음 없이 t와 j가 붙어 있는 것을 전혀 이상하게 생각하지 않는다. 그녀에게는 자전거를 끌고 가게에 가는 것이나 높은 층으로 가구를 들어올리기 위한 고리들이 달려 있는 고층 아파트들의 모습이 전혀 이국적이지 않다.

욕망은 이해하고 싶은 요구를 낳는다. 그녀는 어디로 갈까? 무슨 생각을 할까? 어떤 친구들이 있을까? 알렉산드리아로 가는 기선을 타려고 뒤 캉과 함께 강배를 타고 마르세유로 가는 길에 플로베르도 한 여인을 보고 비슷한 의문에 사로잡혔다. 다른 승객들은 멍하니 경치를 바라보고 있었지만, 플로베르는 갑판 위의 여자를 뚫어져라 바라보았다. 그는 이집트 여행 일기에 이렇게 썼다. “[그녀는] 젊고 늘씬했으며, 밀짚모자에는 긴 녹색 베일이 달려 있었다. 비단 재킷 안에는 벨벳 칼라가 달린 짧은 프록코트를 입고 있었는데, 코트 양쪽의 호주머니에 손을 집어넣고 있었다. 그녀 앞쪽으로 단추가 두 줄로 달려 있어서 그녀의 몸을 꽉 죄면서 엉덩이 윤곽을 드러냈다. 엉덩이 근처에서 치마의 수많은 주름이 밑으로 흘러내려, 바람에 흔들리며 그녀 무릎을 문지르고 있었다. 그녀는 꼭 맞는 까만 장갑을 끼고, 여행하는 시간 대부분을 난간에 기대어 강둑만 바라보고 있었다……. 나는 여행에서 마주치는 사람들에 대한 이야기를 지어내야 한다는 강박감에 사로잡혀 있다. 나는 엄청난 호기심에 사로잡혀 그들의 삶이 어떠할지 자문하고 있다. 무엇을 하는 사람일까, 어디에서 왔을까, 이름은 무엇일까, 이 순간 무슨 생각을 하고 있을까, 무엇을 안타까워할까, 무엇을 바랄까, 누구를 사랑할까, 무엇을 꿈꿀까……여자일 경우(특히 젊은 축에 속하는 여자)에는 그 충동이 더욱 강렬해진다. 솔직히 말해서, 얼마나 빨리 그 여자가 벌거벗은 모습을, 심장에 이르기까지 모조리 벌거벗은 모습을 보고 싶어하게 되는지. 어느 지역 출신인

외젠 들라크루아, 「자기 숙소에 있는 알제의 여자들」, 1834년.

지, 어디로 가는지, 왜 다른 곳이 아니고 이곳에 있는지 알고 싶어 얼마나 애를 태우는지! 그녀의 침실은 어떤 모습일까를 비롯해서 수많은 것들을 생각하다 보면……침대에서 일어날 때 꿰는 낡은 슬리퍼까지 생각하게 된다!"

매혹적인 사람이 이국적인 땅에 가게 되면 자신의 나라에서 가지고 있는 매력에 그 사람이 있는 장소가 주는 매력이 보태진다. 자신에게 없는 부분을 다른 사람에게서 찾는 것이 사랑이라면, 다른 나라에서 온 사람을 사랑할 때는 우리 자신의 문화에는 빠져 있는 가치들에 좀더 가깝게 다가가고자 하는 마음도 따라갈 것이다.

들라크루아는 모로코에서 그린 그림들을 통해서 어떤 장소에 대한 욕망이 그 안에 있는 사람들에 대한 욕망에 불을 지를 수도 있다는 것을 암시했던 것 같다. 예를 들면 그의 「자기 숙소에 있는 알제의 여자들」(1834)을 보면 관객은 플로베르가 지나가는 여자들에 대해서 알고 싶어했듯이 그 그림에 나오는 여자들에 대해서 알고 싶어진다. "이름은 무엇일까, 이 순간 무슨 생각을 하고 있을까, 무엇을 안타까워할까, 무엇을 원할까, 누구를 사랑할까, 무엇을 꿈꿀까……?"

이집트에서 플로베르의 전설적인 성적 경험은 상업적인 것이었지만 그렇다고 사무적이었던 것은 아니다. 플로베르가 이 경험을 한 곳은 나일 강의 서쪽 강변에 있는 에스나라는 작은 도시로, 룩소르에서 남쪽으로 50킬로미터 정도 떨어진 곳이었다. 플로베르와 뒤 캉은 하룻밤을 묵으려고 에스나에 머물렀다가 유명한 창부를 소개받게 되었다. 쿠추크 하넴이라는 이름의 이 여자는 '알메', 즉 박식한 여자라는 평판도 가지고 있었다. 매춘부라는 말은 이 여자의 존엄한 역할을 제대로 포착하지 못한다. 플로베르는 첫눈에 그녀에게 욕망을 느꼈다. "그녀의 피부, 특히 몸의 피부는 약간 커피색이다. 몸을 굽히면 살이 물결을 치며 황동빛 물마루를 이룬다. 눈은 크고 검다. 눈썹은 검은색이며, 콧구멍은 넓게 벌어져 있다. 거기에 넓은 어깨, 사과 모양의 풍만한 가슴……제멋대로 물결을 치는 검은 머리카락은 이마 한가운데서부터 양쪽으로 갈라서 뒤로 잡아당겨 묶었다……. 오른쪽 앞니는 하나뿐인데, 그나마도 썩어가고 있다."

그녀는 플로베르를 자신의 수수한 집으로 초대했다. 몹시 추운 밤이었다. 하늘은 맑았다. 이 프랑스인은 자신의 노트에 이렇게 적었다. "우리는 침대로 갔다……. 그녀는 내 손을 잡고 잠이 들었다. 그녀는 코를 골았다. 희미한 등불이 그녀의 아름다운 이마에 삼각형으로 은은한 빛을 던지고 있었다. 창백한 금속 빛깔이었다. 얼굴의 나머지 부분은 그림자에 덮여 있었다. 그녀의 귀여운 개는 디반*에 놓인 내 비단 재킷 위에서 자고 있

* 낮고 긴 의자.

었다. 그녀가 감기로 고생한다는 말을 했기 때문에 나는 내 외투를 그녀의 담요 위에 덮어주었다……. 나는 강렬한 공상에 빠져 들었다. 온갖 회상이 찾아왔다. 내 엉덩이는 그녀의 배에 닿아 있었다. 배보다 따뜻한 그녀의 언덕은 뜨거운 쇠처럼 나를 덥혀주었다……. 우리는 서로를 만지면서 아주 많은 이야기를 나누었다. 그녀는 자면서도 기계적으로 손과 허벅지를 수축했다. 자기도 모르게 몸을 떠는 것 같았다……. 떠나는 순간에 어떤 기억을 뒤에 남길 수 있어, 그녀가 그곳에 왔던 다른 사람들보다 나를 더 생각하고, 나를 마음에 간직할 것이라고 믿을 수 있다면 얼마나 자랑스러울까!"

쿠추크 하넴의 꿈들은 나일 강을 따라가면서 플로베르를 쫓아다녔다. 팔리에와 아스완을 거쳐 돌아가는 길에 그와 뒤 캉은 그녀를 다시 찾기 위해 에스나에 들렀다. 그녀를 두 번째 만났을 때 플로베르는 더욱 우울해졌다. "가없는 슬픔……이것이 끝이로구나. 그녀를 다시는 볼 수 없겠구나. 그녀의 얼굴은 내 기억에서 점차 희미해지겠구나." 그러나 결코 그렇지 않았다.

7

우리는 동양의 땅을 돌아다니다가 그 지역 사람들과 밤을 보내는 유럽 남자들의 이국적인 공상을 수상쩍게 여기라고 배웠다.

플로베르의 이집트에 대한 열정은 그가 분개했던 고향 땅의 대안을 찾으려는 시도에서 나온 환상에 불과했던 것일까? 어린 시절의 "동양"에 대한 이상화가 어른이 되어서까지 연장되었던 것일까?

여행을 시작할 때는 이집트에 대한 생각이 모호했을지 몰라도, 9개월을 보내고 나자 플로베르는 그 나라를 진실로 이해하게 되었다고 주장할 수 있었다. 그는 알렉산드리아에 도착한 지 사흘이 지나지 않아 이집트의 언어와 역사를 공부하기 시작했다. 그는 1시간에 3프랑을 주기로 하고 하루에 4시간씩 이슬람 관습에 대해서 이야기해줄 선생을 고용했다. 두 달이 지나자 그는 『이슬람 관습』이라는 제목의 책을 쓸 계획을 세웠다(그러나 쓰지는 않았다). 이 책에는 출산, 할례, 결혼, 메카 순례, 장례 의식, 최후 심판 등에 대한 장章들이 포함될 예정이었다. 그는 귀욤 포티에의 『동양의 성스러운 책들』에 나오는 코란의 구절들을 외우고, C. F. 볼네의 『이집트와 시리아 여행』과 샤르댕의 『페르시아와 동양의 다른 곳들 여행』 등 유럽인이 쓴 주요한 이집트 관련 서적들을 읽었다. 카이로에서는 콥트교 주교와 대화를 나누었고, 아르메니아인, 그리스인, 수니파 교도 공동체를 돌아다녔다. 플로베르는 짙은 색 피부, 턱수염과 콧수염, 언어 구사 능력 때문에 종종 원주민으로 오해를 받았다. 그는 빨간 방울 장식이 달린 하얀 무명 누비아 셔츠를 입었으며, 머리카락은 후두부에 한 타래—"최후 심판의 날에 마호메트가 잡고 들어올릴 수 있도록"—만 남기고 박박 밀어버렸다. 그는 심지어 이집트 이름도 사용했는데, 이 사실을 어머니에게 이렇게 설명했다. "이집트인들은 프랑스 이름을 발음하는 것을 무척 힘들어하기 때문에, 프랑스 사람들을 만나면 자기 나름으로 이름을 만듭니다. 제 이름을 뭐라고 했을지 한번 맞혀보세요. 아부 차나브입니다. '콧수염의 아버지'라는 뜻이죠. 아부, 즉 아버지라는 말은 어느 분야에서나 중요한 사람을 가리킬 때 쓰는 말입니다. 따라서 물건을 파는 상인들은 '구두의 아버지', '풀의 아버지', '겨자의 아버지' 등으로 부르죠."

플로베르에게 이집트를 제대로 이해하는 과정은 결국 이집트가 머나먼 루앙에서 생각했던 것과 똑같지는 않다는 것을 발견하는 과정이기도 했다. 당연히 실망이 따랐다. 오랜 세월이 지난 뒤에 마음이 상한 막심 뒤 캉—그는 플로베르보다 더 유명한 작가가 되려는 목표를 가지고 있었으며, 이제는 플로베르와 소원해졌다—이 그들의 이집트 여행에 대해서 이야기한 것을 보면, 믿기 어려운 일이지만, 플로베르는 나일 강에서도 루앙에 있을 때와 마찬가지로 지루해했다. "플로베르는 나와 달리 전혀 환희를 느끼지 않았다. 그는 말이 없고 침울했다. 움직이거나 활동하는 것을 싫어했다. 할 수만 있다면 소파에 누워 꼼짝도 않고 풍경이나 보면서 여행을 하고 싶었을 것이다. 그러

귀스타브 플로베르, 1850년 카이로, 그의 호텔의 정원에서.

면 유적과 도시들이 그의 앞에 파노라마의 스크린처럼 자동적으로 펼쳐질 테니까. 카이로에 들어간 지 며칠이 되지 않아 나는 그가 무기력과 권태를 느낀다는 것을 알게 되었다. 그렇게 소중하게 간직했던 꿈, 실현 불가능할 것이라고 생각했던 꿈인 이집트 여행도 그를 만족시키지 못한 것이다. 나는 그에게 아주 직접적으로 물었다. '프랑스로 돌아가고 싶으면 내 하인을 동행시켜주겠네.' 그러자 플로베르는 대답했다. '아냐, 이제 시작을 했으니, 끝까지 가보겠네. 자네가 여행 계획을 짜면 나는 그대로 따를 걸세. 오른쪽으로 가든 왼쪽으로 가든 나는 아무런 상관이 없네.' 그에게는 신전들이 모두 똑같아 보였고, 이슬람 사원과 풍경들도 다 똑같아 보였다. 그는 엘레판티네 섬을 바라볼 때 소트빌의 초원을 생각하며 한숨을 지었는지도 모른다. 나일 강을 볼 때는 센 강을 갈망했는지도 모르겠다."

뒤 캉의 비난이 전적으로 근거가 없는 것은 아니다. 플로베르는 아스완 근처에서 낙담에 빠져 일기에 이렇게 썼다. "이집트의 신전들은 너무 지루하다. 이것들도 브르타뉴의 교회들, 피레네 산맥의 폭포들과 똑같아지려는 것일까? 오 숙명이여! 요구되는 일을 한다는 것, 상황에 따라(그 순간의 혐오에도 불구하고) 젊은 남자, 관광객, 예술가, 아들, 시민에게 요구되는 모습을 보여주어야 한다는 것!" 며칠 뒤 필라에에서 야영을 하던 플로베르는 이렇게 말했다. "나는 섬에서 꼼짝도 하지 않는다. 우울하다. 오 주여, 내가 이리저리 끌고 다니는 이 영원한 무기력은 무엇이란 말입니까?……데이아네이라*의 튜닉도 권태가 내 삶에 달라붙은 것만큼 완벽하게 헤라클레스의 등에 달라붙지는 못했으리라! 다만 권태는 그의 튜닉보다 천천히 내 삶을 갉아먹을 뿐이다."

플로베르는 근대 유럽 부르주아지의 어리석음으로부터 탈출하려고 필사적으로 노력했지만, 어디를 가나 그것이 따라다닌다는 것을 알게 되었다. "어리석음은 움직일 수 없는 물체이다. 그것을 공격하려고 하면 오히려 그것에 의해서 깨지게 된다……. 선더랜드의 톰슨이라는 사람은 알렉산드리아에 있는 폼페이의 기둥에 2미터 높이의 문자로 자신의 이름을 새겨놓았다. 그래서 500미터 떨어진 곳에서도 그 이름을 읽을 수 있다. 그 기둥을 보면 톰슨의 이름을 볼 수밖에 없으며, 결국 톰슨을 생각하지 않을 수 없다. 이 크레틴 병자** 같은 인간은 그렇게 해서 그 기념물의 일부가 되어, 그 기둥과 더불어 불멸의 존재가 되었다. 내가 하려는 말은 무엇인가? 사실상 그는 그 거대한 문자들로 그 기념물을 압도해버렸다……. 우둔한 사람들은

---

* 헤라클레스의 부인. 남편의 사랑을 잃을까 두려워 남편의 옷에 네수스의 피를 발라 보냈는데, 헤라클레스는 이것을 입고 독혈증에 걸려 죽었다.

** 크레틴 병은 갑상선 호르몬의 결핍에 의한 것으로 소인증과 정신박약의 증상을 보인다.

대체로 선더랜드의 톰슨과 비슷하다. 삶에서, 가장 아름다운 장소에서, 가장 멋진 광경 앞에서 사람들은 얼마나 많은 톰슨을 만나게 되는가! 여행을 할 때는 그런 사람들을 자주 만나게 된다……. 그러나 금방 지나가기 때문에 웃어넘길 수 있다. 보통 생활에서는 다르다. 이 경우에는 결국 몹시 화가 날 수밖에 없다."

그러나 플로베르가 이런 말을 했다고 해서 그가 애초에 이집트에 매력을 느낀 것이 잘못이었음을 인정했다는 뜻은 아니다. 단지 터무니없이 이상화된 이미지를 좀더 현실적인 이미지, 그럼에도 여전히 깊이 사랑하는 이미지로 바꾸어놓았을 뿐이다. 젊은 시절에 홀딱 반했던 마음을 이제 알 것 다 알면서도 여전히 사랑하는 마음으로 바꾼 셈이다. 플로베르는 뒤 캉이 자신을 실망한 관광객으로 희화화한 것에 화가 나서, 알프레드 르 푸앵트뱅에게 이렇게 말했다. "부르주아라면 이렇게 말하겠지. '가보면 큰 환멸을 느낄 것이다.' 그러나 나는 거의 환멸을 느끼지 않았다네. 환상이 없었기 때문이지. 늘 거짓말을 미화하고 시가 환상을 먹고 산다고 떠벌이다니, 얼마나 어리석고 진부한가!"

그는 어머니에게 보낸 편지에서 여행이 자신에게 가르쳐준 것을 정확하게 규정했다. "어머니는 동양이 제가 생각했던 그대로이냐고 물으셨습니다. 네, 그렇습니다. 사실 그 이상이었습니다. 동양은 제가 그곳에 대해서 가지고 있던 좁은 관념을 뛰어넘어 넓게 펼쳐져 있습니다. 제 마음속에서 이전에는 모호했던 것들이 모두 뚜렷한 윤곽을 드러냈습니다."

8

뒤 캉과 함께 이집트를 떠날 시간이 되자 플로베르는 괴로웠다. "내가 언제 다시 야자나무를 볼까? 내가 언제 다시 단봉낙타를 볼까?" 그는 이후 평생을 사는 동안 마음속에서는 항상 그 나라로 돌아갔다. 1880년 죽음을 며칠 앞둔 시점에 그는 조카딸 카롤린에게 이렇게 말한다. "지난 두 주일 동안 파란 하늘을 배경으로 서 있는 야자나무를 보고 싶은 욕망, 황새가 첨탑 꼭대기를 쪼는 소리를 듣고 싶은 욕망에 사로잡혔단다."

플로베르와 이집트의 평생에 걸친 관계를 보면 우리도 어느 나라에 느끼는 매력을 심화하고 존중할 필요가 있다는 느낌이 든다. 플로베르는 사춘기 이후로 자신이 프랑스인이 아니라고 주장해왔다. 이 나라와 이 나라 사람들에 대한 그의 증오는 너무 강렬하여, 그는 자신이 프랑스 국민이라는 사실을 조롱하기까지 했다. 그는 국적을 부여하는 새로운 방식을 제안했다. 출생지나 선조를 따지지 말고, 자신이 매력을 느끼는 장소를 따지자는 것이었다(그가 정체성에 대한 이런 유연한 개념을 성[性]과 종

[種]에까지 확대한 것은 당연한 논리적 귀결이었으며, 그래서 그는 이따금 자신이 사실 여자이고, 낙타이고, 곰이라고 고백하기도 했다. 그는 이렇게 말했다. "나는 아름다운 곰을 사고 싶다. 곰을 그린 그림 말이다. 그것을 액자에 넣어 내 침실에 걸어두고 싶다. 그리고 나의 도덕적 경향과 사회적 습관을 보여주기 위해서 그 아래에 「귀스타브 플로베르의 초상」이라고 적어두고 싶다").

초등학교에 다닐 때 코르시카 섬에서 휴가를 보내고 돌아오면서 쓴 편지에서 플로베르는 이미 자신이 프랑스가 아닌 다른 곳에 속해 있다고 이야기했다. "마치 돼지의 엉덩이에서 다이아몬드를 보듯이 하늘의 태양을 바라보는 저 염병할 나라로 돌아가는 것이 역겹다. 나는 젠장 저 노르망디와 아름다운 프랑스la belle France가 정말 싫다……. 나는 바람에 실려 저 진흙의 땅에 이식된 것 같다. 나는 다른 곳에서 태어난 것이 틀림없다. 나에게는 전부터 향기가 나는 해안과 파란 바다에 대한 기억이나 직관 같은 것이 있었다. 나는 코친-차이나의 황제가 되어 30미터 길이의 파이프를 피우고, 6,000명의 부인과 1,400명의 미동美童을 거느리고, 내가 꼴도 보기 싫어하는 자의 머리를 자를 언월도를 휘두르고, 누미디아의 말을 타고, 대리석 수영장에서 헤엄을 치려고 태어났다."

이 편지에서 아름다운 프랑스의 대안으로 제시된 것은 비실제적이라고 할 수 있지만, 그 밑바닥에 깔린 원칙, 즉 "바람에 실려 이식되었다"는 믿음은 나이가 들면서 좀더 합리적인 표현으로 되풀이된다. 플로베르는 이집트에서 돌아오자 루이스 콜레("나의 술탄")에게 자신의 민족적 정체성(아직 종이나 성에까지 확장되지는 않았다) 이론을 설명하려고 했다. "지도의 어떤 땅덩어리에 빨간색이나 파란색으로 선을 그어놓고 그것을 다른 땅과 구분하는 조국의 관념, 그런 것이 아닙니다. 나에게 조국은 내가 사랑하는 나라입니다. 즉 내가 꿈을 꾸게 해주는 나라이고, 나를 기분 좋게 해주는 나라입니다. 나는 프랑스인인 만큼이나 중국인이기도 합니다. 나는 우리가 아랍인들에게 승리를 거둔 것에 기뻐할 수가 없습니다. 그들의 패배로 인해 슬픔을 느끼기 때문입니다. 나는 그 거칠고, 인내심 있고, 완강한 사람들, 최후의 원시인들을 사랑합니다. 그들은 한낮에 낙타 배 아래의 그늘에 누워 있는 사람들입니다. 그들은 치부크*를 입에 물고 우리의 훌륭한 문명을 조롱하는데, 그러면 우리 문명은 화가 나서 부들부들 떨곤 하지요."

루이스는 플로베르를 도저히 중국인이나 아랍인으로는 생각할 수가 없다고 답변했다. 그러자 플로베르는 자극을 받아, 며칠 뒤에 쓴 편지에서는 전보다 더 강하게 분노를 드러낸다. "나는 고대인이 아니듯이 현대인도 아니고, 중국인이 아니듯이 프

---

* 주로 터키인들이 피우는 긴 담뱃대.

랑스인도 아닙니다. 조국이라는 관념—즉 지도 위에 빨간색이나 파란색으로 표시해놓은 땅덩어리 위에 살면서 녹색이나 검은색으로 표시한 땅들은 미워하라는 요구—은 늘 나에게 편협해 보였으며, 맹목적이고 매우 어리석은 것으로 여겨졌습니다. 나는 사람과 마찬가지로 살아 있는 모든 것과, 기린이나 악어와 영혼의 형제입니다."

말할 필요도 없이 우리 모두가 태어날 때 바람에 흩뿌려져 이 나라 저 나라에서 태어났다. 그러나 플로베르와 마찬가지로 우리도 어른이 되면 상상 속에서 우리의 충성심이 향하는 대상에 따라서 우리의 정체성을 재창조할 자유를 얻는다. 우리의 공적인 국적(플로베르의 『기성관념 사전』을 찾아보자. "프랑스인—방돔 기념비*를 볼 때 프랑스인이라는 것이 얼마나 자랑스러운가!")에 지칠 때면 우리는 우리 자신 가운데 노르망디족보다는 베두인족에 가까운 부분으로 물러나, 캠신 바람**을 맞으며 낙타를 타고, 카페에 들어가 똥을 누는 당나귀 옆에 앉아 에드워드 레인이 "음란한 대화"라고 부른 것에 참여하며 기쁨을 느낄 수도 있다.

소크라테스는 어느 지역 출신이냐는 질문을 받자, "아테네"

* 나폴레옹 1세가 프랑스 군대의 영광을 기념하여 세운 기둥.

** 봄에 사하라 사막에서 이집트로 불어오는 건조한 열풍.

라고 하지 않고 "세계"라고 대답했다. 플로베르는 루앙(그의 젊은 시절의 이야기에 따르면, "똥[merde]"에 익사하는 곳이며, 훌륭한 시민들이 일요일이면 권태 때문에 "멍청한 표정으로 몸을 비트는" 곳이다) 출신이지만, 콧수염의 아버지 아부 차나브는, "약간은 이집트 출신이기도 하오"라고 대답했을지도 모른다.

IV

호기심에 대하여

장소	마드리드
안내자	알렉산더 폰 훔볼트

1

봄에 나는 마드리드에서 열리는 사흘간의 회의에 초대를 받았다. 회의는 금요일 오후에 끝날 예정이었다. 마드리드는 초행이었고 그곳에 볼거리가 많다(박물관에만 국한되지 않는 것 같았다)고 여러 사람에게 이야기를 들었기 때문에, 그곳에 며칠 더 머물다가 오기로 했다. 주최측은 도시 남부의 호텔을 잡아주었다. 가로수가 늘어선 넓은 대로변에 있는 호텔이었다. 내 방에서는 호텔 안뜰이 보였는데, 그곳에서 펠리페 2세를 닮은 키 작은 남자가 이따금씩 담배를 피우며 발끝으로 지하실로 보이는 곳의 강철 문을 톡톡 차곤 했다. 금요일 저녁에 나는 일찌감치 방으로 들어갔다. 호텔에는 아직 주말까지 머문다는 이야기를 하지 않았다. 어느 쪽에도 이득이 되지 않는 내키지 않는 환대를 강요할까봐 걱정이 되었기 때문이다. 그러나 그 바람에 호텔에서 식사를 할 수 없어 저녁은 굶을 수밖에 없었다. 호텔로 걸어 돌아오는 길 주변에 식당들이 있었지만, 소심한 나는 나무널을 댄 어두컴컴한 식당에 혼자 들어갈 용기가 없었다. 식당에는 천장에 햄까지 대롱대롱 매달려 있었다. 그런 식당에 들어가려면 호기심과 연민의 대상이 될 위험을 각오해야 할 것 같았다. 그래서 호텔 방 냉장고에 있는, 파프리카 맛이 나는 감자 칩 한 봉을 먹고 위성 방송의 뉴스를 본 뒤에 잠자리에 들었다.

다음 날 아침에 잠을 깨자 강렬한 무기력감이 밀려왔다. 마치 핏줄 속에 고운 설탕이나 모래가 진흙처럼 쌓여 있는 것 같았다. 분홍색과 회색이 섞인 비닐 코팅 커튼을 통해서 햇빛이 비쳐들었다. 대로를 따라 자동차 소리가 들렸다. 책상 위에는 호텔에서 가져다놓은 잡지 몇 권이 놓여 있었다. 도시에 대한 정보를 제공하는 잡지들이었다. 내가 집에서 가져온 안내 책자도 두 권 있었다. 이 책들은 각기 다른 방식이지만 입을 모아 바깥에는 마드리드라는 흥미진진하고 다채로운 현상이 기다리고 있으며, 그곳에는 기념관, 교회, 박물관, 분수, 광장, 쇼핑 거리 등이 수도 없이 널려 있다고 외치고 있었다. 나도 그런 유혹적인 것들에 대한 이야기를 많이 들었고, 또 내가 그것을 볼 수 있는 유리한 입장에 있다는 것도 잘 알고 있었다. 그러나 그런 생각을 하면서도 나 자신의 게으름과 좀더 정상적인 관광객들이 느꼈을 진지함을 비교하며 냉담과 자기 혐오가 뒤섞인 느낌에 시달리기만 했다. 나는 그냥 침대에 누워 있고 싶다는 욕구, 가능하다면 얼른 비행기에 올라타고 집에 가고 싶다는 욕구에 사로잡혔다.

2

1799년 여름 스물아홉 살 난 알렉산더 폰 훔볼트라는 이름의 독일인이 탐험 여행을 떠나기 위해서 스페인의 항구 라 코루냐에서 남아메리카 대륙으로 가는 배에 올라탔다.

훔볼트는 훗날 이렇게 회고했다. "나는 어렸을 때부터 유럽인들이 가보지 않은 먼 나라를 여행하고 싶은 충동을 느꼈다. 지도를 살피거나 여행서를 탐독할 때면 억누르기 힘든 은밀한 매혹을 느끼곤 했다." 이 젊은 독일인은 자신이 느낀 매혹을 좇을 수 있는 이상적인 조건을 갖추고 있었다. 그는 훌륭한 신체 조건과 더불어, 생물학, 지리학, 화학, 물리학, 역사에 대한 전문적인 지식을 갖추었다. 훔볼트는 괴팅겐 대학에서 공부하면서 쿡 선장의 제2차 항해에 동행했으며, 식물과 동물 표본 분류의 대가로 손꼽히던 박물학자 게오르크 포르스터를 사귀었다. 훔볼트는 공부를 마친 뒤부터 미지의 먼 곳으로 여행할 기회를 찾았다. 이집트와 메카에 가려던 계획은 마지막 순간에 무산되었지만, 1799년 봄 훔볼트는 스페인의 왕 카를로스 4세를 만나는 행운 덕분에 그를 설득하여 남아메리카 탐험 비용을 해결할 수 있었다.

훔볼트는 5년간 유럽을 떠나 있었다. 그는 돌아와서 파리에 정착하여, 이후 20년간 『신대륙의 적도 지역 여행』이라는 제목으로 30권의 여행기를 출간했다. 이 책의 길이는 훔볼트의 업적의 크기이기도 했다. 이 책을 살펴본 미국의 평론가 랠프 월도 에머슨은 이렇게 썼다. "훔볼트는 아리스토텔레스, 율리우스 카이사르, 크라이턴 제독과 마찬가지로 이따금 세상에 나타나서 인간 정신의 가능성, 재능의 힘과 범위를 보여주는 경이로운 인간, 즉 보편적 인간의 한 예이다."

훔볼트가 라코루냐를 출발할 때까지만 해도 남아메리카와 관련된 사실들은 유럽에 별로 알려지지 않았다. 베스푸치와 부갱빌이 대륙의 해안을 여행했고, 라 콩다민과 부게가 아마존과 페루의 강과 산을 탐험했지만, 아직 이 지역에 대한 정확한 지도도 없었으며, 그 지리, 식물, 원주민에 관한 정보는 거의 축적되지 않았다.

훔볼트는 지식의 수준을 바꾸어놓았다. 그는 남아메리카의 북쪽 해안선과 내륙을 1만5,000킬로미터 여행했으며, 여행길에 약 1,600가지 식물을 채집하고 그 가운데 600종이 새로운 종임을 확인했다. 정확한 크로노미터와 육분의六分儀의 수치를 읽고 그것을 기반으로 남아메리카의 지도를 다시 그렸다. 지구의 자기磁氣를 연구했으며, 극지방으로부터 멀어질수록 자기의 강도가 약해진다는 사실을 처음으로 발견했다. 그는 처음으로 고무와 기나 나무에 대해서 설명했다. 오리노코 강과 네그루 강 수계水系를 연결하는 강들의 지도를 그렸다. 기압과 고도가 식물에 미치는 영향을 측정했다. 아마존 유역 사람들의 혈족 의식을 연구하고, 지리와 문화적 특성 간의 연관을 추론했다. 태평양과 대서양 물의 염도를 비교하고, 해류 개념을 생각해냈으며, 바다의 수온은 위도보다 해류에 더 큰 영향을 받는다는 사실을

에두아르트 엔더, 「베네수엘라의 알렉산더 폰 훔볼트와 에메 봉플랑」, 1850년경.

확인했다.

최초의 훔볼트 전기 작가 가운데 한 사람인 F. A. 슈바르첸베르크는 그의 전기의 부제를 "사람이 한 평생에 이룩할 수 있는 일"이라고 달았다. 그는 훔볼트가 특별히 호기심을 느꼈던 영역을 다음과 같이 추측했다. "1) 지구와 거기 사는 사람들에 대한 지식. 2) 우주, 인간, 동물, 식물, 광물을 지배하는 자연의 더 높은 법칙들의 발견. 3) 새로운 생명 형태의 발견. 4) 지금까지 불완전하게 알려져 있던 땅과 그 다양한 생산물의 발견. 5) 인류의 새로운 종에 대한 지식—그들의 관습, 언어, 그들이 가진 문화의 역사적 자취." 한평생에 이룩할 수도 있지만, 실제로는 거의 또는 전혀 이룩되지 못하는 일들이다.

3

결국 내가 나 나름의 마드리드 탐험 여행에 나서게 된 것은 객실 청소부 때문이었다. 그녀는 세 번이나 비와 세척액이 든 양동이를 들고 불쑥 들어왔다가, 시트 밑에 웅크리고 있는 형체를 보고는 깜짝 놀랐다는 듯이 극적인 표정을 지으며 "어머, 죄송합니다Hola, perdone" 하고 소리를 지르고 나갔다. 더불어 큰 소리가 나도록 문을 닫으면서 자신의 청소 용구가 최대한 문과 충돌하도록 배려하는 것도 잊지 않았다. 나는 이 유령과 네 번이나 마주치고 싶지는 않았기 때문에, 옷을 입고, 호텔 바에서 핫 초콜릿과 배터 스틱 한 접시를 시켜 먹고, 내가 가져온 안내 책자에서 "마드리드 구시가"라고 지칭한 곳으로 향했다.

> 1561년 펠리페 2세가 마드리드를 수도로 정했을 때, 마드리드는 카스티야의 작은 도시로 인구는 2만 명에 불과했다. 이후 몇 해 동안 마드리드는 막강한 제국의 중추로 성장해갔다. 오래된 무어인의 요새 뒤에서 주택과 중세 교회들 사이로 좁은 도로들이 뻗어나가기 시작했다. 이 요새는 훗날 고딕 궁전으로 바뀌었고, 결국 오늘날의 부르봉 왕가의 궁전인 팔라시오 레알로 바뀌었다. 16세기에 이 도시는 합스부르크 왕조의 이름을 따서 "마드리드 데 로스 아우스트리아스"로 알려져 있었다. 수도원에는 기부금이 들어왔고, 교회와 궁전이 세워졌다. 17세기에 이르자 마요르 광장이 만들어졌으며, 푸에르타 델 솔(태양의 문)은 스페인의 정신적, 지리적 중심이 되었다.

나는 카레타스 거리와 푸에르타 델 솔이 만나는 모퉁이에 서 있었다. 푸에르타 델 솔은 별 특색 없는 반원형의 교차점으로, 그 한가운데 카를로스 3세가 말 위에 앉아 있었다. 화창한 날이었다. 관광객들이 그 앞에 걸음을 멈추고 사진을 찍거나 안내자의 말을 듣고 있었다. 그러나 나는 점점 강한 불안을 느꼈다.

내가 여기서 무엇을 해야 하나? 무슨 생각을 해야 하나?

4

훔볼트는 한번도 그런 의문을 품지 않았다. 어디를 가든 임무가 모호한 적이 없었다. 그의 임무는 사실을 발견하고, 그 목적을 위해서 실험을 하는 것이었다.

그는 남아메리카로 배를 타고 갈 때부터 조사를 시작했다. 스페인에서부터 배의 목적지인 뉴그라나다(현재의 베네수엘라) 해안 쿠마나에 이를 때까지 2시간마다 해수의 온도를 측정했다. 또 육분의의 수치를 읽었고, 눈에 띄거나 고물에 내건 그물에 걸린 다양한 해양 생물들에 대해서 기록했다. 베네수엘라에 상륙을 하자, 그는 쿠마나 주위의 식물에 대한 철저한 연구를 시작했다. 쿠마나 근처의 석회암 산에는 선인장과 오푼티아*가 점점이 박혀 있었다. 그 줄기는 이끼가 덮인 큰 촛대 같았다. 어느 날 오후 훔볼트는 선인장 하나(투나 마초)를 측정하여 그 둘레가 1.54미터라고 기록했다. 그는 3주일 동안 해안의 많은 식물을 분류하다가, 밀림으로 뒤덮인 내륙의 뉴안달루시아 산맥으로 파고들었다. 그는 노새에 육분의, 복각계伏角計, 자기 변화

---

* 선인장의 일종.

를 측량하기 위한 도구, 온도계, 소쉬르의 습도계—머리카락과 고래 뼈로 만들었다—를 싣고 가서, 이 모든 것을 한껏 활용했다. 훔볼트는 일기에 이렇게 적었다. "밀림에 들어서자 고도계는 고도가 높아진다고 알려주었다. 이곳의 나무줄기들은 생김새가 특이했다. 가지가 달린 목초처럼 생긴 윤생의 식물은 열대의 덩굴식물처럼 2, 3미터 높이로 올라가면서 화환을 만들었는데, 이것이 바람에 흔들리며 우리의 길을 가로막았다. 오후 3시쯤 우리는 케테페라는 이름의 작은 평원에 이르렀다. 해발 약 190투아즈*였다. 샘물 옆에는 오두막 몇 채가 서 있었는데, 인디언들은 이 샘물이 민물이며 깨끗하다고 말했다. 우리 입맛에도 달았다. 기온은 섭씨 28.7도였는데, 물의 온도는 22.5도에 불과했다."

5

그러나 마드리드에는 모든 것이 이미 알려져 있었다. 모든 것이 이미 측정되어 있었다. 마요르 광장의 북쪽 면은 101미터 52센티미터였다. 이 광장은 후안 고메스 데 모라가 1619년에 건설했다. 그날의 기온은 섭씨 18.5도였으며, 바람은 서쪽에서 불어

* 프랑스의 옛 길이 단위로, 약 1.949미터.

왔다. 마요르 광장 한가운데 서 있는 펠리페 3세의 기마상은 높이가 5미터 43센티미터이고, 잠볼로냐와 피에트로 타카가 만들었다. 안내책자는 이따금 짜증이 섞이는 목소리로 그런 사실들을 제시하는 것 같았다. 나는 안내책자를 따라 폰티피시아 데 산 미겔로 향했다. 행인이 무심하게 던지는 눈길을 물리치기 위해서 설계된 듯한 회색 건물이었다. 안내책자에는 이렇게 나와 있었다.

> 보나비아의 바실리카는 18세기 이탈리아 바로크에서 영향을 받은 교회로, 스페인에서는 보기 드문 건물이다. 내부와 외부의 상호작용을 보여주기 위해서 설계된 볼록한 전면은 훌륭한 조각상들로 장식되어 있다. 문간 위에는 성聖 유스투스와 파스토르가 얕은 부조로 새겨져 있는데, 바실리카는 그들에게 봉헌되었다. 내부는 타원형의 돔, 서까래가 서로 교차하는 둥근 천장, 미끈한 배내기, 풍부한 치장 벽토로 우아한 모습을 자랑한다.

홈볼트의 호기심의 수준이 내 수준보다 한참 높았던 것(그리고 그가 나와는 달리 침대로 돌아가고 싶은 충동을 강하게 느끼지 않았던 것)은 사실을 찾아나선 여행자는 구경을 하려는 목적을 가진 여행자에 비해서 여러 가지로 유리한 조건에 있기 때문이었다.

사실은 쓸모가 있다. 마요르 광장의 북쪽 면의 정확한 크기를 아는 것은 건축가와 후안 고메스 데 모라의 작품을 연구하는 사람에게 도움이 될 것이다. 4월의 마드리드 중심가의 기압을 정확히 측정하는 것은 기상학자에게 유용할 것이다. 쿠마나의 선인장(투나 마초)의 둘레가 1.54미터라는 훔볼트의 발견은 선인장이 그렇게 크게 성장할 것이라고는 생각하지 못했던 유럽 전역의 생물학자들에게는 흥미로웠을 것이다.

쓸모에는 (그것을 인정하는) 청중이 따른다. 1804년 8월 훔볼트가 남아메리카의 사실들을 가지고 유럽으로 돌아가자, 관심을 가진 사람들이 그를 둘러싸고 환대를 했다. 그는 파리에 도착하고 나서 6주 뒤에 국립 연구소를 가득 메운 청중에게 1차 여행 보고를 했다. 그는 청중에게 남아메리카의 태평양 방면 해안과 대서양 방면 해안의 수온을 이야기해주었으며, 밀림에서 발견한 15가지 종의 원숭이를 소개했다. 그가 화석과 광물 표본 20가지를 개봉하자, 그것을 보려고 군중이 연단으로 몰려들었다. 경도經度 연구소는 그에게 천문학적 사실들의 사본을 요청했다. 천문대는 기압 측정치를 요청했다. 훔볼트는 샤토브리앙과 마담 드 스탈의 식사 초대를 받았으며, 라플라스, 베르톨레, 게이-뤼삭 등이 모이는 엘리트의 과학 살롱 아르퀴이 협회에 가입했다. 영국에서는 찰스 라이엘과 조지프 후커가 그의 작업을 읽었다. 찰스 다윈은 그가 발견한 여러 가지를 외웠다.

훔볼트가 선인장 주위를 돌아다니거나 아마존 강에 온도계를 꽂았을 때, 그는 자신의 호기심도 호기심이지만 다른 사람들의 관심 역시 염두에 두고 있었을 것이다. 또 그도 어쩔 수 없이 무력감에 빠지거나 병에 걸리기도 했을 텐데, 그런 순간에도 다른 사람들의 관심을 생각하며 기운을 얻었을 것이다. 남아메리카에 대한 기존의 거의 모든 정보가 잘못되었거나 의문의 여지가 있다는 것이 그에게는 다행스러운 일이었다. 훔볼트는 1800년 11월에 배를 타고 하바나에 들어갔을 때, 그곳이 스페인 해군의 중요한 전략 기지임에도 불구하고 지도에는 정확하게 표시되지 않았다는 것을 알았다. 그는 측정 도구를 꺼내서 정확한 지리학적 위도를 쟀다. 그러자 스페인 제독은 감사의 표시로 그를 저녁식사에 초대했다.

6

나는 프로빈시아 광장의 한 카페에 앉아 새로운 사실을 발견하는 것은 불가능하다는 사실을 인정했다. 내 안내책자는 강의와도 같은 설명으로 그 점을 강조했다.

> 산 프란시스코 엘 그란데 성당의 신고전주의적 전면前面은 사바티니가 만들었지만, 6개의 방사상放射狀의 예배당과 더불어 폭

33미터짜리 커다란 돔을 거느린 원형의 건물 자체는 프란시스코 카베자스가 만든 것이다.

내가 알게 되는 모든 사실은 다른 사람들의 관심보다는 나에게 개인적인 유익을 준다는 점에 의해서 정당화되어야 했다. 나의 발견은 나에게 생기를 주어야 했다. 그 발견들이 어떤 면에서는 "삶을 고양한다"는 것이 입증되어야 했다.

"삶을 고양한다"는 표현은 원래 니체가 사용한 것이다. 프리드리히 니체는 1873년 가을에 탐험가나 학자처럼 사실을 수집하는 일과 내적이고 심리적인 풍요를 목적으로 이미 잘 알려진 사실을 이용하는 일을 구별했다. 대학 교수로는 예외적인 일이었지만, 니체는 앞의 행동을 모욕하고 뒤의 행동을 찬양했다. 니체는 이 에세이에 「삶을 위한 역사의 용도와 불리한 점들에 대하여」라는 제목을 달고, 유사과학적인 방법으로 사실들을 수집하는 것은 헛된 일이라는 독특한 주장을 펼쳤다. 그는 진정한 과제는 "삶"을 고양하기 위해서 사실들을 이용하는 것이라고 주장했다. 그는 괴테의 문장을 인용했다. "나는 나의 활동에 보탬이 되거나 직접적으로 활력을 부여하지 않고 단순히 나를 가르치기만 하는 모든 것을 싫어한다."

여행 중에 "삶을 위하여" 지식을 구한다는 것은 어떤 의미일까? 니체는 몇 가지 제안을 한다. 그는 독일 문화의 상태에, 또 그것을 개선하기 위한 어떤 시도도 이루어지지 않는 것에 우울함을 느끼는 사람이 이탈리아—예를 들면 시에나나 피렌체—에 갔을 경우를 상상한다. 이 사람은 그곳에 가서 이탈리아 르네상스라고 널리 알려진 현상이 사실은 소수의 개인들의 작업이었다는 사실을 발견한다. 그들은 운, 인내심, 적당한 후원자가 있었기 때문에 사회 전체의 분위기와 가치를 바꿀 수 있었다. 이 여행객은 다른 문화에서 "과거에 '인간'이라는 개념을 확장하고 그 개념을 좀더 아름답게 만들었던 것"을 찾게 될 것이며, 그 결과 "과거의 위대함을 숙고함으로써 힘을 얻고, 인간의 삶이 영광스러운 것임을 느낌으로써 영감을 얻는" 사람들의 대열에 합류하게 될 것이다.

니체는 또 두 번째 종류의 여행도 제안한다. 이는 우리의 사회와 정체성들이 과거에 의해서 형성되어왔다는 사실을 깨닫고, 그 과정에서 연속성과 소속감을 확인하게 되는 여행이다. 이런 여행을 하는 사람은 "덧없고 개별적인 존재를 넘어선 시야를 가지게 되며, 자신이 자신의 집, 종족, 도시의 정신이라고 생각하게 된다." 그는 오래된 건물들을 보며 "자신이 완전히 우연적이고 자의적인 존재가 아니라, 과거로부터의 상속자이자 꽃이자 열매로서 성장해왔으며, 따라서 자신의 존재는 용서받을 수 있고 또 정당화될 수 있다는 것을 알고 행복"을 느끼게 된다.

니체의 논리를 따르면, 오래된 건물을 바라보는 목적은 "건축 양식들이 보기보다 유연하며, 건물의 용도 역시 그러하다는 것"을 인식하는 것 이상도 이하도 아니다. 예를 들면 우리는 팔라시오 데 산타 크루즈("이 궁은 1629년에서 1643년 사이에 건설되었으며, 합스부르크 건축의 보석 가운데 하나이다")를 바라보면서 "그때는 이것이 가능했는데, 그 비슷한 것이 지금은 왜 가능하지 않을까?" 하고 의문을 품을 수 있다.

우리는 1만6,000점의 새로운 식물 종을 가지고 돌아가는 대신, 저녁 초대를 받을 만하지는 못하지만 우리의 삶은 고양해주는 작은 생각들을 가지고 여행에서 돌아갈 수 있을지도 모른다.

7

문제가 또 하나 있었다. 우리보다 먼저 와서 사실들을 발견한 탐험가들은 그런 행동을 통해서 의미가 있는 것과 없는 것을 구별해놓았다. 이런 구별은 세월이 흐르면서 거의 불변의 진리로 굳어져, 마드리드의 중요한 것들은 이미 가치가 확정되어버렸다. 라 빌라 광장은 별 1개, 팔라시오 레알은 별 2개, 데스칼사스 레알레스 수도원은 별 3개, 오리엔테 광장은 별 없음.

그런 구별이 반드시 거짓은 아니지만, 그 결과는 치명적이었다. 안내책자가 어느 유적지를 찬양한다는 것은 그곳을 찾는 사람들에게 자신의 권위 있는 평가에 부응할 만한 태도를 보이라고 압력을 넣는 것과 마찬가지였다. 안내책자가 입을 다물고 있는 곳에서는 기쁨이나 흥미가 보장되지 않을 것 같았다. 나는 별 3개짜리 데스칼사스 레알레스 수도원에 들어가기 오래전부터 나의 반응이 다음과 같은 공식적인 평가에 부응해야 한다는 것을 알고 있었다. "스페인에서 가장 아름다운 수도원. 벽화로 장식된 웅장한 계단은 위층 수도원 회랑으로 통하는데, 이곳의 예배당들은 뒤로 갈수록 화려해진다." 그 다음에는 이런 구절이 붙어 있는 느낌이었다. "이 의견에 동의할 수 없는 여행자는 뭔가 잘못된 것이 틀림없다."

훔볼트는 이러한 위협을 느끼지 않았다. 그가 가본 곳을 그보다 먼저 여행한 유럽인은 거의 없었다. 덕분에 훔볼트는 상상력의 자유를 누릴 수 있었다. 그는 아무런 자의식 없이 자신의 관심을 끄는 것을 따라갈 수 있었다. 다른 사람들이 설정한 위계를 따르거나 의도적으로 거부하지 않고, 스스로 가치의 범주들을 만들 수 있었다. 훔볼트는 리오 네그로의 산 페르난도 선교단에 이르렀을 때, 자유롭게 모든 것이 흥미롭다고 생각할 수도 있었고, 또 그 어느 것도 흥미롭지 않다고 생각할 수도 있었다. 그의 호기심의 바늘은 그 나름의 자북磁北을 따랐으며, 장차 그의 『여행기』를 읽는 독자들에게는 놀랄 일이 아니지만, 그 바늘은 결국 식물을 가리켰다. "산 페르난도에서는 피히가도

또는 피리하오라고 부르는 식물이 가장 눈에 띄었다. 이 식물은 시골의 풍경을 지배하고 있었다. 이 식물의 가시가 덮인 줄기는 20미터 이상 자란다." 이것이 그가 산 페르난도에서 흥미를 느낀 것들 가운데 맨 첫 자리를 차지하는 내용이다. 다음에 그는 기온을 측정하고(몹시 더웠다), 이어 선교사들이 정원으로 둘러싸이고 덩굴식물이 덮인 매력적인 집에서 산다는 사실에 주목했다.

나는 아무런 제약 없이 마드리드를 안내해줄 사람을 상상해 보려고 했다. 나 자신의 주관적인 관심의 강도에 따라 이 도시에서 제공하는 것들을 배열한다면 어떻게 될까? 내가 별 3개짜리 흥미를 느낀 것은 스페인 식사에는 채소가 매우 적다는 점(내가 마지막으로 제대로 먹은 식사에서는 일련의 고기 요리들 사이에 표백되고 시들시들한 아스파라거스 가지 몇 개—통조림 캔에 들어 있던 것 같았다—가 나왔을 뿐이다)과 일반 시민이 아주 길고 고상하게 들리는 성姓을 가지고 있다는 점(예를 들면 회의 주최측에서 일하는 한 직원은 de와 la로 연결된 긴 성을 가지고 있었는데, 그것은 조상 전래의 성城, 충실한 하인들, 옛 우물, 문장紋章 등을 나타내는 것으로, 먼지가 뽀얗게 덮인 SEAT 이비자 자동차와 공항 근처의 스튜디오형 아파트라는 그녀의 삶의 현실과 극명한 대조를 이루었다)이었다. 나는 스페인 남자들의 발이 작다는 점에 흥미를 느꼈으며, 도시의 신시가지에서 분명히 눈에 띄는 현대

「오리노코 강변의 에스마랄다」, 찰스 벤틀리의 석판화를 폴 고치가 인쇄.

건축에 대한 선호에 흥미를 느꼈다. 그런 곳에서는 어떤 건물이 매력적이냐 아니냐보다는 현대적이냐 아니냐가 더 중요하다. 그래서 건물 전면을 천하게 청동으로 덮어버리기도 한다(마치 현대성이라는 것이 이전의 결핍을 보상하기 위해서 특별히 강하게 투여해야 할 귀중한 물질이라도 되는 듯이). 나의 호기심의 나침반이 『미슐랭 가이드 마드리드 편』이라는 이름의 작은 녹색 책자가 발휘하는 뜻밖의 강력한 힘에 흔들리는 대신 자기 나름의 논리에 따라서 방향을 잡았다면, 이런 것들이 나의 호기심을 자극하는 것들의 목록에 올라갔을 것이다. 그러나 그 안내서의 바늘은 다른 무엇보다도 데스칼사스 레알레스 수도원의 메아리가 치는 회랑의 갈색으로 보이는 계단을 단호하게 가리키고 있었다.

8

1802년 6월, 훔볼트는 당시 세계에서 가장 높다고 여겨지던 산을 올랐다. 페루의 침보라소 화산으로 높이는 해발 6,267미터였다. "우리는 구름을 뚫고 계속해서 올라갔다. 능선 폭이 20센티미터 정도인 곳도 많았다. 왼쪽은 눈 덮인 절벽으로, 얼어붙은 겉면이 유리처럼 번들거렸다. 오른쪽은 250 내지 300미터 깊이의 무시무시한 심연으로, 바닥에는 거대한 돌덩어리들이 보였다.” 이런 위험에도 불구하고 훔볼트는 보통 사람이라면 그냥 지나쳤을 것들을 놓치지 않았다. “해발 5,076미터인데도 눈 위로 바위 이끼가 보였다. 이끼를 마지막으로 본 것은 800미터 정도 아래에서였다. 봉플랑 씨[훔볼트의 동행자]는 해발 4,500미터에서 나비를 한 마리 잡았으며, 거기에서 500미터를 더 올라가서도 파리를 볼 수 있었다.”

어떻게 파리가 보이는 정확한 고도에 관심을 가질 수 있을까? 어떻게 폭 20센티미터의 화산 능선에서 조그만 이끼에 관심을 가질 수 있을까? 훔볼트에게 그런 호기심은 자연 발생적인 것이 아니었다. 그의 관심에는 긴 역사가 있었다. 파리와 이끼가 그의 관심을 끈 것은 그것이 이전의 더 큰, 그리고 일반인이 더 쉽게 이해할 수 있는 문제들과 관련이 있었기 때문이다.

호기심은 몇 가지 크게 뭉뚱그려진 질문들로 이루어진 중추로부터 밖으로, 때로는 아주 먼 곳에까지 확장되는 작은 질문들의 사슬로 이루어진다고 생각해볼 수 있다. 어린 시절에 우리는 이렇게 묻는다. “왜 선과 악이 있을까?” “자연은 어떻게 움직일까?” “나는 왜 나일까?” 상황과 기질이 허락한다면, 우리는 어른이 되어서도 이런 질문들을 중심에 놓고 살아간다. 우리의 호기심은 세계의 점점 더 많은 부분을 포괄하다가, 마침내 어느 지점에서는 어떤 것에도 지루함을 느끼지 않는 오묘한 경지에 이를 수도 있다. 뭉뚱그려진 커다란 질문들은 언뜻 보기

프리드리히 게오르크 바이치, 「침보라소 산 기슭의 알렉산더 폰 훔볼트와 에메 봉플랑」, 1810년.

에는 남의 관심을 끌 수 없을 것 같은 작은 질문들과 관련을 맺고 있다. 그래서 우리는 산 속에서 파리에 관심을 가지기도 하고, 16세기 궁전의 벽에 그려진 특정한 벽화에 관심을 가지기도 한다. 우리는 오래 전에 사라진 이베리아 군주의 외교 정책이나 30년전쟁에서 토탄土炭의 역할에 관심을 가지기도 한다.

훔볼트가 1806년 6월 침보라소 산의 폭이 20센티미터인 능선에서 파리에 가졌던 호기심과 연결되는 질문의 사슬은 그가 일곱 살 때 품었던 질문으로 거슬러올라간다. 베를린에 살던 어린 훔볼트는 독일의 다른 지방에서 사는 친척들을 찾아갔다가 자문한다. "왜 어디에나 똑같은 것이 자라지 않는 것일까?" 왜 베를린 근처의 나무들이 바이에른에서는 자라지 않고, 또 그 반대도 마찬가지일까? 다른 사람들은 그의 호기심이 커가도록 장려했다. 그는 현미경과 자연에 관한 책들을 선물로 받았다. 식물학을 아는 가정교사로부터 교육도 받았다. 가족들은 그에게 "어린 화학자"라는 별명을 지어주었으며, 그의 어머니는 아이가 그린 식물 스케치를 그녀의 서재 벽에 걸어놓았다. 훔볼트는 남아메리카로 출발할 무렵 기후와 지리가 식물상과 동물상을 규정하는 방식을 관장하는 법칙을 해명하려고 노력하고 있었다. 일곱 살 때 느꼈던 호기심이 여전히 살아 있었던 것이다. 그러나 이제는 좀더 세련된 형태의 질문으로 나타났다. "양치류는 북부의 노출된 환경에서 어떤 영향을 받는가?" "야자나무가

… sur cue en faisant abstraction de la réfraction.	en différentes parties du Globe.	Selon la hauteur des Couches.	Selon son élévation au-dessus du Niveau de la Mer.	Gravitation exprimée par les Oscillations d'un même Pendule dans le Vuide.	Ciel azuré exprimé en degrés du Cyanomètre.	exprimée en Degrés de l'Hygromètre de Saussure.	Atmosphérique exprimée en haut. Barométriques.	en Toises
	Élévation des petits nuages (moutons)							4000
				99839635 à 7000m			Bar. 0m 3006 [illegible] (133 l. 36) à 7000m de haut. Temp. rapp. [illegible]	
		Beaucoup de Phénomènes lumineux.					Bar. 0m 32033 (142 l. 60) à 7000m de haut. Temp. rapp. [illegible]	3500
2°, 7680	Cime du Chimborazo 6544m (3358 t.) en réduisant la hauteur mesurée au niveau de l'Océan par la formule barométrique de Mr. Laplace.					Manque d'observations. La sécheresse moyenne de l'air sans nuages y est probablement au-dessous de 38°, qui réduite à la Température de 25°,3 sont 28°,7.	Bar. 0m 34357 (152 l. 38) à 6500m de haut. Temp. rapp. [illegible]	
2°, 6430	Cime de Cayambe 5954m (3055 t.) Cime d'Antisana 5833m (2993 t.) Cime de Cotopaxi 5758m (2952 t.) Cime du Mont St. Élie 5513m (2829 t.) Cime du Popocatepetl 5387m (2764 t.) Cime du Pic d'Orizaba 5295m (2717 t.)	Peu d'explosions accompagnées de tonnerre. La grande sécheresse de l'air et la proximité des nuages y rendent le fond d'Électricité très sensible.		99905404 à 6000m	de 40° à 46°. Intensité moyenne de 44°.		Bar. 0m 36947 (164 l. 95) à 6000m de haut. Temp. rapp. [illegible] Bar. 0m 39206 (173 l. 84) à 5500m de haut. Temp. rapp. [illegible]	3000
2°, 5470	Volcan de Tunguragua 4958m (2544 t.) Cime de Rucu-Pichincha 4868m (2498 t.) Mont-Blanc 4775m (2450 t.)	Près des bouches des Volcans elle passe souvent du positif au négatif.	Plus de Culture. Pâturages des Lamas, des Brebis, des Bœufs et des Chèvres.	999[illegible] à 5000m	de 32° à 42°. Intensité moyenne de 38°.	de 46° à 100°. Humidité moyenne 54°.	Bar. 0m 41843 (185 l. 40) à 5000m de haut. Temp. rapp. [illegible]	2500
2°, 3930	Finsteraarhorn 4362m (2238 t.) Coquilles pétrifiées à Micuipampa à 4200m (2158 t.) Métairie d'Antisana habitée 4095m (2100 t.)	Abondance de grêle.					Bar. 0m 44353 (197 l. 35) à 4500m de haut. Temp. rapp. [illegible]	
2°, 2550	Gross-Glockner (en Tyrol) 3895m			99938938 à 4000m			Bar. 0m 47[illegible] (210 l. [illegible]) à 4000m de haut. Temp. rapp. [illegible]	2000
2°, 1100	Ville de Micuipampa 3557m (1825 t.) Mont-Perdu 3436m (1763 t.) Etna 3358m (1723 t.) Première Tour du Marboré 3180m (1636 t.)	Explosions très fréquentes, mais non périodiques. Les Couches d'air voisines du Sol souvent et pour longtemps chargées d'Électricité négative. Beaucoup de grêle, même de nuit.	Pommes de terre. Ollucus. Tropaeolum esculentum. Pas de Froment au-delà de 3800m. Orge.		de 28° à 37°. Intensité moyenne de 32°.	de 50° à 100°. Humidité moyenne 65°.	Bar. 0m 50[illegible] (223 l. [illegible]) à 3500m de haut. Temp. rapp. [illegible]	
1°, 9540	Watzmann 2941m (1509 t.) Canigou 2781m (1427 t.) S. Gothard. Cime de Prosa 2722m (1397 t.)		Bleds d'Europe. Triticum. Hordeum. Avena. Chenopodium quinoa. Mays. Patates. Coton. Un peu de Sucre.	99953792 à 3000m			Bar. 0m 53684 (238 l. [illegible]) à 3000m de haut. Temp. rapp. [illegible]	1500
1°, 7840	[illegible] des neiges sous le 45° de lat. à 2500m de hauteur.	Depuis 2500m la grêle mêlée de neige.	Juglans. Pommier. (Peu d'Esclaves africains.)		de 24° à 30°. Intensité moyenne de [illegible]	de 54° à 100°. Humidité moyenne 74°.	Bar. 0m 57[illegible] (253 l. [illegible]) Temp. rapp. [illegible]	
1°, 5960	Couche de sel gemme à St. Maurice en Savoie 2288m (1118 t.) Passage du Mont Cenis 2066m (1060 t.) Mont d'Or 1886m (968 t.) Ville de Popayan 1756m (901 t.)			99968468 à 2000m			Bar. 0m 60501 (268 l. 24) à 2000m de haut. Temp. rapp. [illegible]	1000
1°, 3840	Puy de Dome 1477m (758 t.) Vésuve 1198m (615 t.) en 1773; mais 997m (509 t.) en 1805.	Explosions électriques très fréquentes et très fortes, surtout 2 heures après la culmination du Soleil. Pendant plusieurs heures du jour l'Électromètre de Volta ne donne pas 2 millimètres d'Électricité atmosphérique.	Caffé, Coton, Canne à sucre moins abondante. Au-dessus de 1750m le Mays donne difficilement des Fruits mûrs. Erythroxylum peruvianum. Triticum.		de 17° à 27°. Intensité moyenne de 22°.	de 66° à 100°. Humidité moyenne 83°.	Bar. 0m 64134 (284 l. 24) à 1500m de haut. Temp. rapp. [illegible]	
1°, 1280	Brocken au Harz 1062m (545 t.) Volcan d'Hekla 1013m (520 t.)		Sucre, Indigo, Cacao, Caffé, Coton, Mays, Iatropha, Bananes, Vigne. Arbres. Manioc. (Esclaves Africains introduits par les peuples civilisés de l'Europe)	99984234 à 1000m			Bar. 0m 67913 (301 l. 18) à 1000m de haut. Temp. rapp. [illegible]	500
0°, 7980	Kinekulle, une des hautes Montagnes de la Suède 306m (157 t.)				de 13 à 23°. Intensité moyenne de 18°.	de 66° à 100°. Humidité moyenne 86°. Quantité de pluye tombée, terme moyen 1m 89 (70 p.) en Europe 0m 67 (25 p.)	Bar. 0m 7[illegible] (319 l. [illegible]) à 500m de haut. Temp. rapp. [illegible]	
0°, 6060				1000000 à 0m			Bar. 0m 76202 (337 l. 80) au niveau de la mer. Temp. rapp. 25°,3	0
						Tous ces degrés Hygrométriques sont affectés par la Température moyenne qu'indique l'Échelle thermométrique.		
								500

Cime du Chimborazo

Point du Chimborazo auquel MM. Bonpland, Montufar et Humboldt ont porté des Instruments le 23 Juin 1802. Bar. 0m 3771 (13 po. 11 l. 1) Therm. -1°,6

Haut. du Popocatepetl

Point le plus haut (du Corazon) auquel MM. Bouguer et de la Condamine sont parvenus en 1738

Haut. du Pic de Teyde

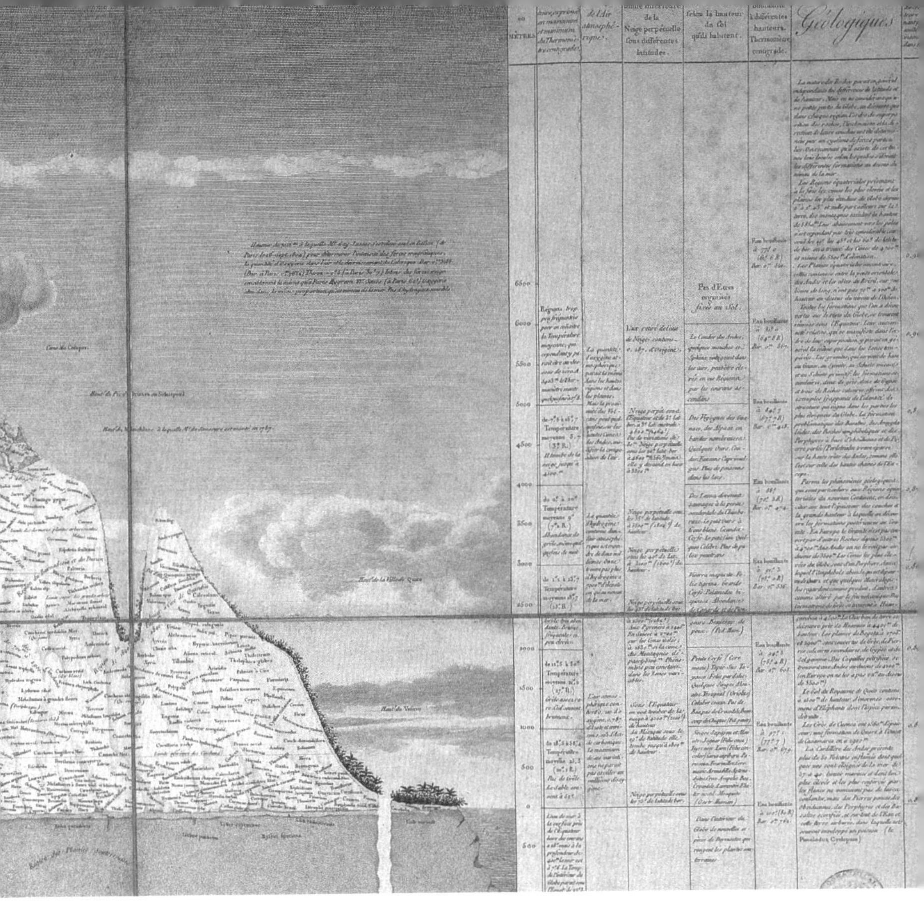

「적도 식물에 관한 지리」, 알렉산더 폰 훔볼트와 에메 봉플랑의 『안데스와 주변 국가의 자연에 관한 도표』에 수록, 1799–1803년.

살 수 있는 고도 상한은 어디인가?"

훔볼트는 침보라소 산 아래의 베이스 캠프로 내려오자, 발을 씻고 잠깐 낮잠을 잔 뒤 곧바로 『식물 지리론』을 쓰기 시작했다. 그는 이 책에서 고도와 기온에 따른 식물의 분포를 규정했다. 그는 6개의 고도 지대가 있다고 설명했다. 해수면으로부터 해발 약 900미터까지는 야자나무와 바나나 나무가 자랐다. 1,470미터 높이까지는 양치류가 자랐으며, 2,760미터까지는 떡갈나무가 자랐다. 그 다음에는 상록 관목이 자라는 지대가 나타났다. 가장 높은 곳은 2개의 고산 지대로 나뉘는데, 3,045미터에서 3,780미터까지는 허브들이 자랐고, 3,780미터부터 4,260미터까지는 고산 풀과 이끼가 자랐다. 그는 흥분해서, 4,980미터 이상 올라가면 파리가 발견될 가능성이 전혀 없다고 기록했다.

9

훔볼트의 흥분은 세상을 향해 물어볼 올바른 질문을 가지는 일이 얼마나 중요한지 증언해준다. 그것이 있느냐 없느냐에 따라서 파리를 보았을 때 약이 올라 파리채를 휘두를 수도 있고 산을 달려 내려가 『식물 지리론』을 쓰기 시작할 수도 있다.

여행자로서는 안타까운 일이지만, 대부분의 사물을 볼 때는 질문이 떠오르지 않으며, 질문이 없으므로 흥분도 일어나지 않는다. 보통은 질문만이 아니라 아무것도 떠오르지 않는다. 게다가 뭔가가 떠오를 때는, 엉뚱한 것이 떠오르는 경향이 있다. 차가 꽉 막히는 긴 산 프란시스코 거리 끝에 서 있는 산 프란시스코 엘 그란데 성당에서도 많은 것들이 떠올랐지만, 성당에 대한 나의 호기심을 자극하는 것은 없었다.

> 성당의 벽과 지붕은 19세기 벽화와 그림으로 장식되어 있다. 그러나 성 안토니우스와 성 베르나르디노의 예배당은 예외로, 이 두 건물은 18세기에 지어졌다. 북쪽 면에 있는 첫 예배당인 카피야 데 산 베르나르디노의 벽에는「아라곤 왕 앞에서 설교하는 시에나의 성 베르나르디노」(1781)가 걸려 있다. 이것은 고야가 젊은 시절에 그린 그림이다. 성물실과 성당 참사회 집회소에 있는 16세기의 성직자석은 세고비아 근처 카르투지오회 수도원인 카르투하 데 엘 파울라르에서 가져온 것이다.

이 정보는 호기심이 일어날 수 있는 경로에 대해서 아무런 암시를 주지 않았다. 훔볼트의 산 위의 파리처럼 입을 다물고 있을 뿐이었다. 여행자가 "19세기 벽화와 그림으로 장식되어 있는" "성당의 벽과 지붕"에 개인적인 관심이 생긴다면(무슨 죄를 지은 사람처럼 유순하게 바라보고만 있는 것이 아니라), 이 사실

산 프란시스코 엘 그란데 성당.

들—파리처럼 따분한 사실들—을 크게 뭉뚱그린 질문들, 진정한 호기심이 닻을 내리고 있는 질문들 가운데 하나와 연결시킬 수 있을 것이다.

훔볼트에게 그런 큰 질문은 "왜 자연이 지역마다 다를까?" 하는 것이었다. 산 프란시스코 엘 그란데 성당 앞에 서 있는 사람에게 그 질문은 "왜 사람들은 교회를 지어야 한다고 생각했을까?"일 수도 있고, 심지어 "왜 우리는 신을 섬기는 것일까?"일 수도 있다. 이런 소박한 출발점으로부터 시작해서 호기심이 사슬처럼 연결되어 "왜 지역이 달라지면 교회도 달라질까?", "교회 건축의 주류 양식은 어떤 것이었을까?", "주요한 건축가들은 누구였고, 그들은 어떻게 성공을 거두었을까?" 하는 질문들을 포괄할 수도 있다. 호기심이 이렇게 느릿느릿 진화한 상태에서만 여행자는 이 교회의 거대한 신고전주의적 정면을 만든 사람이 사바티니였다는 정보를 권태와 절망이 아닌 다른 감정으로 받아들일 가능성이 있다.

여행의 위험은 우리가 적절하지 않은 시기에, 즉 제대로 준비가 되지 않은 상태에서 사물을 볼 수도 있다는 것이다. 그렇게 되면 새로운 정보는 꿸 실이 없는 목걸이 구슬처럼 쓸모없고 잃어버리기 쉬운 것이 된다.

지리적인 문제 때문에 위험은 더 심각해진다. 도시에는 공간적으로 보면, 불과 몇 미터 간격으로 건물이나 기념물들이 서 있을 수 있다. 그러나 그것들을 감상하는 데에 필요한 준비의 맥락에서 보면, 몇 리그*가 떨어져 있는 것이나 마찬가지이다. 우리가 두 번 다시 가보지 못할 수도 있는 곳으로 여행을 갔을 때, 우리는 여러 가지를 계속해서 보아야 한다는 생각을 하게 된다. 그러나 이 여러 가지는 지리적으로 같은 공간에 있다는 것 외에는 서로 연관성이 없다. 그 연관성을 제대로 이해하려면 한 사람 안에는 모여 있기 힘든 넓은 범위의 자질들이 요구된다. 우리는 어느 거리에서는 고딕 건축에 대하여 호기심을 가져야 하며, 이어 그 다음 거리에서는 에트루리아 고고학에 매료되어야 한다.

예를 들면 마드리드를 방문하는 사람은 18세기 왕궁 팔라시오 레알(나폴리 출신의 디자이너 가스파리니가 호화로운 로코코 중국식으로 장식한 방들로 유명하다)에 관심을 가진 다음, 몇 분 뒤에는 하얀 회칠을 한 레이나 소피아 국립미술관(피카소의 「게르니카」를 포함한 20세기 미술품을 전시하고 있다)에 관심을 가져야 한다. 그러나 18세기 왕궁 건축 감상에 맛을 들인 사람의 자연스러운 행로는 이 전시관을 완전히 무시하고 프라하나 상트페테르부르크로 발을 옮기는 것이다.

여행은 피상적인 지리적 논리에 따라서 우리의 호기심을 왜

* 1리그는 5킬로미터 정도이다.

곡한다. 이것은 대학 강좌에서 주제가 아닌 크기에 따라서 책을 권하는 것만큼이나 피상적이다.

10

인생을 마감할 무렵, 남아메리카 여행이 머나먼 과거의 일이 되었을 때, 훔볼트는 자기 연민과 자존심이 뒤섞인 착잡한 심정으로 불평했다. "사람들은 흔히 내가 식물학, 천문학, 비교해부학 등 너무 많은 일에 동시에 호기심을 느낀다고 말한다. 그러나 사람이 자기 주위의 모든 것을 알고 끌어안고 싶은 욕망을 품는 것을 어떻게 막을 수 있다는 말인가?"

물론 우리는 그런 것을 막을 수 없다. 오히려 등을 두드려주어야 마땅할 것이다. 그러나 우리가 훔볼트의 여행에 경탄한다고 해서, 가장 매혹적인 도시에서도 이따금씩 그냥 침대에 누워 있다가 다음 비행기를 타고 집에 가고 싶은 욕망을 강하게 느끼는 사람들에 대한 일말의 동정심마저 물리칠 수는 없을 것이다.

풍경

V

시골과 도시에 대하여

1

나는 오후 기차를 타고 런던을 떠날 계획을 세우고 유스턴 역의 출발 안내판 밑에서 M과 만나기로 했다. 사람들이 에스컬레이터에서 내려 중앙 홀로 들어가는 것을 지켜보다가, 그 많은 사람들 사이에서 그녀를 찾을 수 있다면 기적일 것이라는 생각이 들었다. 동시에 내가 찾아야 하는 사람이 바로 그녀여야만 한다는 욕망의 묘한 특성을 증언해주는 일이 될 것이라는 생각도 들었다.

우리는 영국의 등뼈를 따라 위로 올라갔다. 날이 어두워지면서 시골의 느낌이 나기 시작했다. 그러나 시간이 지나자 차창은 길고 검은 거울로 변하여, 우리는 창문에서 우리 자신의 얼굴밖에 볼 수 없었다. 기차가 스토크온트렌트를 지나 한참 올라갔을 때 나는 식당 칸을 찾아갔다. 나는 술에 취한 것처럼 비틀거리며 객차 몇 량을 통과하면서, 움직이는 열차 안에서 요리된 것을 먹는다는 생각에 새삼스레 흥분을 느꼈다. 전자레인지의 타이머에서는 옛날 전쟁 영화에서 나는 폭발음 같은 둔하고 기계적인 소리가 났다. 이어 내 핫도그가 다 익었다는 것을 알리는 고상한 종소리가 들렸다. 바로 그때 기차는 건널목을 지나고 있었기 때문에, 그 뒤로 소 떼의 그림자가 보였다.

우리는 9시가 조금 못 되어 옥슨홈 역에 내렸는데, 표지판에는 "레이크 디스트릭트"라는 말이 적혀 있었다. 우리 외에 내린 사람은 별로 없었다. 우리는 말없이 플랫폼을 따라 걸어갔다. 우리가 내쉬는 숨이 보일 정도로 쌀쌀한 밤이었다. 열차 안의 승객들은 졸거나 책을 읽고 있었다. 그들에게 레이크 디스트릭트는 수많은 정거장들 중의 하나일 뿐이었다. 책을 읽다가 잠시 고개를 들어 플랫폼을 따라 대칭으로 배열된 콘크리트 화분들을 보고, 역의 시계로 시간을 확인하고, 간혹 거리낌 없이 하품을 하고, 이어 글라스고행 열차가 다시 어둠 속으로 달리기 시작하면 읽던 책의 새로운 문단으로 고개를 돌리는 곳.

역에는 사람이 없었다. 그러나 늘 그런 것은 아닌 것 같았다. 특이하게도 일본어로 쓰여 있는 표지판들이 눈에 많이 띄었기 때문이다. 우리는 런던에서 차를 예약해두었는데, 우리 차는 주차장 끝의 가로등 아래에 있었다. 렌트카 회사에서는 우리가 원했던 소형 차들이 동이 났는지 적포도주 색깔의 커다란 가족용 세단을 가져다놓았다. 새 차 냄새 때문에 머리가 어찔했다. 깨끗한 회색 자동차 시트에는 진공청소기 자국이 그대로 남아 있었다.

2

이번 여행의 직접적인 동기는 개인적인 것이었다. 그러나 우리의 여행은 18세기 후반으로 거슬러올라가는 광범위한 역사적

운동에 속해 있다고 말할 수도 있었다. 이 시기에 도시 거주자들 가운데 많은 수가 처음으로 시골을 여행하기 시작했다. 건강을 회복하려는 목적도 있었지만, 더 중요한 것은 영혼의 조화를 회복하려는 것이었다. 1700년에는 잉글랜드와 웨일스의 주민 가운데 17퍼센트가 도시에서 살았다. 그러나 그 비율은 1850년에는 50퍼센트, 1900년에는 75퍼센트로 늘었다.

우리는 윈더미어 위쪽으로 몇 킬로미터 떨어진 트라우트벡 마을을 향해 북쪽으로 방향을 잡았다. 우리는 모털 맨*이라는 이름의 여인숙에 방을 하나 예약했는데, 가보니 더러운 담요가 덮인 좁은 침대 2개가 우리를 기다리고 있었다. 주인은 욕실을 안내하면서 전화요금이 비싸다고 주의를 주었는데, 우리의 행색과 접수대에서 머뭇거리는 태도를 보고 우리가 비싼 전화요금을 낼 만한 여유가 없을 것이라고 생각하는 것 같았다. 그는 방을 떠나면서 사흘간 완벽한 날씨가 이어질 것이라고 장담하고는, 레이크 디스트릭트에 온 것을 환영한다고 말했다.

우리는 텔레비전을 켰다. 런던의 뉴스가 나왔지만 잠시 후에 끄고 대신 창문을 열었다. 밖에서는 올빼미가 울었다. 바깥은 그 소리만 빼면 고요했다. 우리는 바깥에 있는 그 묘한 존재에 대해서 생각했다.

---

* Mortal Man, 죽을 운명의 인간이라는 뜻.

내가 이곳에 온 이유에는 한 시인도 들어 있었다. 그날 저녁 방에서 나는 워즈워스의 『서곡』의 또다른 부분을 읽었다. 페이퍼백 표지에는 벤저민 헤이든이 그린 초상화가 실려 있었는데, 그림 속의 워즈워스는 나이가 들고 엄해 보였다. M은 워즈워스가 늙은 두꺼비라고 선언해버리고 목욕을 하러 갔다. 그러나 나중에 그녀는 창가에 서서 얼굴에 크림을 바르면서 시 몇 줄을 암송했다. 제목은 잊었지만 그녀가 읽은 시 가운데 가장 감동을 준 시라고 했다.

한때 그렇게 빛나던 광채가
지금 내 눈에서 영원히 사라진들 어떠랴,
풀의 광휘의 시간, 꽃의 영광의 시간을
다시 불러오지 못한들 어떠랴.
우리는 슬퍼하지 않고, 오히려
뒤에 남은 것에서 힘을 찾으리라.

—「영생불멸의 노래」

우리는 침대로 갔다. 나는 워즈워스를 좀더 읽으려고 했지만, 침대의 머리판에 달라붙은 긴 금발을 발견한 뒤로는 집중을 할 수가 없었다. 그 머리카락은 내 것도 M의 것도 아니었다. 그것을 보면서 우리보다 앞서 모텔 맨에 묵었던 많은 사람들을 떠

올리지 않을 수 없었다. 그들 가운데 한 사람은 자신의 신체 일부를 이곳에 남긴 줄도 모르고, 지금쯤은 다른 대륙에 가 있는지도 몰랐다. 우리는 바깥에서 나는 올빼미 소리를 들으면서 잠이 들었지만, 깊은 잠을 자지는 못했다.

3

윌리엄 워즈워스는 1770년에 레이크 디스트릭트의 북쪽 가장자리에 있는 코커머스라는 작은 도시에서 태어났다. 그 자신의 말을 빌리면 "소년 시절의 반은 산 속에서 마음대로 뛰어다녔고", 런던과 케임브리지에 가 있던 기간과 유럽 여행을 하던 기간을 빼면 레이크 디스트릭트에서 평생을 보냈다. 처음에는 그래스미어 마을의 도브코티지라고 하는 2층짜리 돌로 지은 집에서 살았고, 이름이 알려진 후에는 근처 라이덜의 좀더 큰 집에서 살았다.

그는 거의 매일 산 속이나 호숫가를 오랫동안 산책했다. 그는 레이크 디스트릭트에 "힘차고 끈질기게" 내리는 비에 괘념치 않았다. 사실 이 비는 그 스스로도 인정했듯이 "실망한 여행자에게는 매년 나일 강의 물을 대기 위해서 아비시니아 산맥에 내리는 큰 비를 연상시킬 만한 것이었다." 그와 잘 아는 사이였던 비평가 토머스 드 퀸시는 워즈워스가 평생 28만 킬로미터에서

28만8,000킬로미터를 걸었을 것이라고 추측했다. 드 퀸시는 워즈워스의 체격을 볼 때 이것은 놀라운 수치라고 덧붙였다. "왜냐하면 워즈워스는 전체적으로 몸에 균형이 잡힌 사람은 아니었기 때문이다. 내가 이 문제와 관련하여 강의를 들어본 여성 다리 전문가들이 모두 그의 다리를 날카롭게 비난한 것을 보면 그것을 알 수 있다." 드 퀸시는 안타깝게도 이렇게 덧붙이고 있다. "워즈워스라는 인간이 주는 전체적인 느낌은 움직이는 상태일 때가 항상 최악이었다. 나에게 이야기를 해준 많은 시골 사람들에 따르면, '그는 느치처럼 걸었다'—느치는 비스듬하게 움직이면서 앞으로 나아가는 벌레였다."

워즈워스는 이렇게 양의 이처럼 걸어다니면서 그의 많은 작품들의 영감을 얻었다. 그런 작품들 가운데는 「나비에게」, 「뻐꾸기에게」, 「종달새에게」, 「데이지에게」, 「작은 애기똥풀에게」 등이 있다. 이전의 시인들은 이 시들의 소재가 된 자연 현상을 대수롭지 않게 여기거나 의식儀式의 틀 내에서 보았다. 그러나 워즈워스는 그러한 것들이 그의 솜씨를 발휘할 수 있는 가장 고귀한 제재라고 선언한 셈이었다. 레이크 디스트릭트에서 오빠의 움직임을 계속 기록하던 그의 누이 도로시의 일기에 따르면, 1802년 3월 16일 워즈워스는 브러더스워터의 다리를 건너 패터데일 근처의 고요한 호수로 가더니, 그곳에 앉아 다음과 같은 시를 썼다.

수탉이 울고,
냇물은 흐르고,
작은 새들은 지저귀고,
호수는 반짝거린다…….
산에는 기쁨이 있다.
샘에는 생명이 있다.
작은 구름들은 하늘을 날고,
파란 하늘은 드넓게 펼쳐져 있다.

몇 주일 뒤에 시인은 참새 둥지의 아름다움에 감동을 받아 이런 시를 썼다.

봐라, 파란 알 다섯 개가 저기 반짝이고 있다!
이보다 아름다운 광경은 본 적이 없고,
기쁨을 주던 수많은 경치도
이 소박한 모습보다 더 즐겁지는 않았다!

그후로 여름이 몇 번 지나간 뒤에 그는 나이팅게일 소리를 듣고 이번에도 그 기쁨을 말로 표현하고자 했다.

오, 나이팅게일이여! 그대는 진정

불의 심장을 가진 생물이로다…….

그대는 마치 포도주의 신 덕분에

발렌타인 같은 순교자라도 된 듯이 노래하는구나.

이런 시들은 아무렇게나 즐거움을 표현한 것이 아니다. 그 배후에는 자연에 대한 심오한 철학이 자리잡고 있다. 워즈워스의 모든 작품에 깔려 있는 이 철학은 우리의 행복에 대한 요구 그리고 불행의 기원에 대하여 독창적인 주장을 하고 있는데, 이것은 서양 사상사에 큰 영향을 주었다. 시인은 자연—그는 이 자연이 무엇보다도 새, 냇물, 수선화, 양으로 이루어져 있다고 생각했다—이 도시의 삶으로 인한 심리적 피해를 치료하는 불가결한 약이라고 말한다.

이 메시지는 처음에는 강한 저항에 부딪혔다. 바이런 경은 1807년에 나온 워즈워스의 『2권의 시집』을 읽고, 어른이 꽃과 동물에 대하여 그런 주장을 펼칠 수 있다는 데에 놀랐다. "보육원에 있는 독자들은 이런 감상적이고 유약한 시……요람에서 우는 아이를 달래주는 노래를 모방한 것들을 보고 뭐라고 할까?" 『에딘버러 리뷰』의 편집자들도 이런 의견에 동의하여, 워즈워스의 시가 "유치하고 터무니없는 작품"이라고 평가하면서, 혹시 시인이 웃음거리가 되기 위해서 일부러 이렇게 쓴 것은 아닐까 하는 생각을 했다. "워즈워스가 정원의 삽이나 참새의 둥지를 보고 진정으로 강렬한 인상을 받았을 가능성도 있다……. 그러나 대부분의 사람들에게는 그런 연상들이 억지스럽고, 뻣뻣하고, 부자연스럽게 느껴진다. 「새끼돼지에게 바치는 만가」나 「세탁일 찬가」나 「할머니에게 바치는 소네트」나 「구스베리 파이에 대한 핀다로스풍의 송가」라고 하면 세상이 다 웃는다. 그러나 워즈워스 씨에게는 이 점을 납득시키기가 쉽지 않을 것 같다." 문학잡지에는 곧 워즈워스의 작품을 패러디한 작품들이 나타나기 시작했다.

구름을 보며
혼잣말을 한다,
이런 하늘을 보니
얼마나 유쾌한가.

뭐 이런 것.

내가 본 것이 울새였던가?
비둘기였나, 아니면 갈까마귀였나?

또 뭐 이런 것.

워즈워스는 냉담했다. "이 시들에 대한 현재의 반응을 보고

속 끓이지 마십시오." 그는 레이디 보몽에게 그렇게 충고하고는 덧붙였다. "내가 이 시들의 운명을 어떻게 생각하는지 아신다면 그런 것이 뭐가 중요하겠습니까? 이 시들은 괴로운 사람들에게 위로를 줄 것이고, 날빛에 햇빛을 더하듯이 행복한 사람을 더 행복하게 할 것이고, 젊은이들과 나이를 막론하고 품위 있는 사람들이 제대로 보고, 생각하고 느끼도록, 그리하여 좀 더 적극적으로 또 안정되게 덕을 드러내도록 가르칠 것입니다. 이것이 내 시들의 임무이며, 나는 이 시들이 우리(즉 우리 가운데 죽을 운명인 모든 것)가 무덤에서 썩고 난 뒤에도 오랫동안 충실하게 그 임무를 수행할 것이라고 믿습니다."

이 말 가운데 틀렸던 것은 그의 예언대로 되는 데에 걸린 시간뿐이었다. 드 퀸시는 이렇게 설명한다. "1820년까지 워즈워스의 이름은 발에 밟혔다. 1820년부터 1830년까지 그의 이름은 투쟁에 나섰다. 그리고 1830년부터 1835년까지 그의 이름은 승리를 거두었다." 사람들의 취향은 느리기는 하지만 근본적으로 바뀌고 있었다. 독서 대중은 점차 비웃음을 거두고, 나비에게 바치는 찬가나 애기똥풀에게 바치는 소네트에 매혹을 느끼게 되었고, 심지어 그런 시들을 암송하기까지 했다.

워즈워스의 시는 그 시에 영감을 준 곳으로 관광객들을 끌어들였다. 윈더미어, 라이덜, 그래스미어에 새로운 호텔들이 문을 열었다. 1845년이 되자 레이크 디스트릭트에는 양의 수보다 관광객 수가 더 많다는 이야기가 나왔다. 그들은 라이덜의 정원에서 느치처럼 움직이는 사람을 잠깐이라도 보는 기회를 소중하게 생각했으며, 그가 운문으로 묘사한 장소를 찾아 비탈과 호숫가를 돌아다니며 그가 말하던 힘을 확인하려고 했다. 1843년 로버트 사우디가 죽자, 워즈워스는 영국의 계관시인桂冠詩人으로 임명되었다. 런던의 일군의 지지자들은 레이크 디스트릭트의 이름을 워즈워스셔로 바꾸자는 계획을 세우기도 했다.

시인이 1850년에 여든 살의 나이로 죽었을 때(이 무렵에는 잉글랜드와 웨일스의 주민 반이 도시에 살았다), 진지한 비평가들은 자연을 자주 여행하는 것이 도시의 악을 씻어내는 데에 필수적인 해독제라는 워즈워스의 주장에 거의 만장일치로 동조했다.

4

워즈워스의 도시에 대한 불만에는 매연, 혼잡, 가난, 추한 외관 등도 포함되어 있었지만, 맑은 공기 법안을 상정하고 빈민가를 정리한다고 해도 그것만으로 그의 비판이 사라졌을 것 같지는 않다. 그가 관심을 가지는 것은 도시가 우리의 건강보다는 영혼에 미치는 영향이었기 때문이다.

시인은 도시가 생명을 파괴하는 여러 감정을 만들어낸다고 비난했다. 사회 위계에서 우리의 지위에 대한 불안, 다른 사람

들의 성공에 대한 질투, 낯선 사람들의 눈앞에서 빛을 발하고 싶은 욕망. 워즈워스의 주장에 따르면, 도시 거주자들은 뚜렷한 관점이 없기 때문에 거리나 저녁 식탁에서 이야기되는 것에 귀를 곤두세운다고 한다. 그들은 먹고 살기가 편해도 자신에게 진정으로 부족하지도 않고 또 자신의 행복을 좌우하지도 않는 새로운 것을 끊임없이 요구했다. 이런 혼잡하고 불안한 곳에서는 다른 사람들과 진지한 관계를 맺는 것이 어려워 보였다. 고립된 농가에서 사는 것이 오히려 유리했다. 워즈워스는 런던의 집에서 이렇게 썼다. "한 가지 도무지 이해가 안 되는 점이 있다. 어떻게 이웃에 살면서도 서로 낯선 사람으로 살아갈까. 심지어 어떻게 서로의 이름도 모를까?"

나 역시 이런 병 가운데 몇 가지 때문에 고생을 했다. 레이크 디스트릭트로 여행을 가기 몇 달 전 저녁, 나는 런던 중심가에서 열린 한 모임에 참석했다. "사람들과 사물들의/떠들썩한 세계"(『서곡』)에 들어가 있었던 셈이다. 나는 그 자리를 떠나면서 질투심과 내 위치에 대한 불안에 사로잡혔다. 그러다가 머리 위의 거대한 물체를 보고 예상치 못한 안도감을 느꼈다. 어두웠지만 나는 그것을 소형 카메라에 담으려고 했다. 나는 그 물체를 보면서, 워즈워스가 시의 많은 부분에서 관심을 보였던 자연의 구원의 힘을 절실하게 느꼈다. 전에는 좀처럼 느껴보지 못하던 것이었다.

도시에 불과 몇 분 전에도 보지 못했던 새로운 구름이 나타났다. 그러나 강한 서풍이 불고 있었기 때문에, 그곳에 오래 머물 것 같지는 않았다. 주위 사무실의 불빛들 때문에 구름 가장자리는 거의 퇴폐적인 느낌을 주는 형광 오렌지 색으로 반짝거렸다. 마치 파티에 나가려고 차려입은 근엄한 노인 같았다. 그러나 그 중앙의 화강암 빛깔의 회색은 이 구름이 공기와 바다의 느린 상호작용에서 태어났음을 증언하고 있었다. 곧 이 구름은 에섹스 들판들 위로 자리를 옮겼다가, 늪지대와 정유 공장 위를 떠돈 뒤, 불온한 북해의 파도 위를 향해 떠날 터였다.

나는 버스 정류장으로 발걸음을 옮기면서도 그 유령으로부터 눈을 떼지 못했다. 어느새 불안은 어느 정도 가라앉았고, 나는 느치를 닮은 시인이 웨일스의 한 골짜기를 기려 쓴 시 몇 구절을 마음속에서 되씹고 있었다.

……[자연은] 우리 내부의 정신을 가르치고,
고요함과 아름다움으로 감명을 주고,
또 높은 사색으로 양육하기에,
험한 말이나 경솔한 판단도, 이기적인 사람들의 조롱도,
친절한 마음이 깃들지 않은 인사도,
또한 일상생활의 온갖 황량한 교제도
우리를 이기지 못할 것이며,

또한 우리가 바라보는 모든 것이 축복으로 가득하다는
명랑한 신념을 흩트리지도 못하리라.

—「틴턴 사원 몇 마일 위에서 지은 시」

5

1798년 여름 워즈워스와 그의 누이는 웨일스의 와이 강 유역을 따라 산책을 했는데, 그는 그곳에서 자연의 힘을 깨닫는 계시의 순간을 맞이했다. 그리고 그 힘은 이후 평생 그의 시를 통해 울려퍼진다. 그가 이 골짜기를 찾은 것은 두 번째였다. 5년 전에도 그곳에서 산책을 한 적이 있었다. 그 사이에 그는 일련의 불행한 경험을 했다. 그는 두려워하던 도시 런던에서 얼마간 살았다. 고드윈을 읽으며 정치적 입장이 바뀌었다. 콜리지와 사귀며 시인의 사명에 대한 감각이 바뀌었고, 로베스피에르의 공포정치로 파탄이 난 혁명적 분위기의 프랑스를 여행하기도 했다.

와이에 돌아온 워즈워스는 높은 곳에 있는 시카모 나무 아래에 앉아 골짜기와 강, 절벽, 산울타리, 숲을 둘러보다가 그의 가장 위대한 시로 꼽을 수 있는 시의 영감을 받았다. 적어도 "나의 시들 가운데 이것이야말로 나에게 유쾌한 기억을 되살려주는 환경에서 쓴 것이다." 그는 나중에 "1798년 7월 13일 여행 중에 와이 강변을 다시 찾고"라는 부제가 붙은 「틴턴 사원 몇 마일 위에서 지은 시」를 그렇게 설명했다. 이 시는 자연의 복원력에 바치는 송시였다.

오래 찾아보지는 않았어도
내게 이 아름다운 형상들은
장님 눈에 그림 같은 것은 아니었다.
오히려 외로운 방에서, 그리고 작고 큰 도시들의 소음 속에서,
나는 그들에게 자주 신세를 져,
지리한 시간에 고요하게 복원되는……
감미로운 감각들을 맛보곤 했다.

이 시에서는 도시와 시골의 이분법이 뼈대를 이루고 있으며, 시골은 도시의 유해한 영향력에 대한 대항력으로 등장한다.

얼마나 자주
어둠 속에서, 그리고 기쁨 없는 낮의 많은 형체들 속에서,
안타까운 몸부림이 소용없고,
이 세상의 열병이 내 심장의 고동에 매달렸을 때에,
마음속에서 얼마나 자주 나는 그대를 향했던고,
오, 숲이 우거진 와이 강이여! 그대 숲 속의 방랑자여,
내 영혼은 얼마나 자주 그대를 향했던고!

필립 제임스 드 루테르부르, 「틴턴 사원에 면한 와이 강」, 1805년.

이런 감사의 표현은 『서곡』에도 되풀이되는데, 여기서 시인은 그가 자연에 진 빚을 다시 한번 인정한다. 도시에서 살면서도 도시가 습관적으로 길러내는 그 저열한 감정들에 굴복하지 않은 것이 자연 덕분이라고 생각했기 때문이다.

내가 세상과 뒤섞이면서도
내가 가진 소박한 즐거움에 만족하며,
하찮은 노여움과 천박한 욕망을
멀리하며 살아왔다면,
그것은 그대 덕분이다…….
그대 바람과 요란한 폭포……그대 덕이다,
그대 산이여, 그대의 덕이다, 오 자연이여!

6

왜일까? 어째서 폭포나 산 등 자연에 다가가게 되면 혼잡한 거리에 다가가는 것보다 "노여움과 천박한 욕망"을 경험할 가능성이 적어지는 것일까?

레이크 디스트릭트는 그 답을 암시해주었다. M과 나는 첫날 아침 일찍 일어나 모털 맨의 식당으로 내려갔다. 분홍색으로 칠한 식당에서는 숲이 우거진 골짜기가 내려다보였다. 비가 심하게 내리고 있었다. 그러나 주인은 우리에게 포리지를 가져다 주면서 달걀은 추가 요금을 내야 한다고 덧붙이기 전에, 그 비가 곧 그칠 소나기라고 말해주었다. 테이프 녹음기에서는 페루의 관악기 음악이 흘러나왔고, 이따금 헨델의「메시아」의 하이라이트가 섞여들었다. 우리는 아침 식사를 마친 뒤 배낭을 메고 앰블사이드로 차를 몰고 가서, 그곳에서 산책을 하는 데에 필요한 물건 몇 가지를 샀다. 나침반, 방수 지도 가방, 물, 초콜릿, 샌드위치 몇 개.

앰블사이드는 작은 곳임에도 대도시처럼 혼잡했다. 가게 밖에서는 트럭들이 시끄럽게 물건을 내리고, 사방에 식당과 호텔의 플래카드가 붙어 있고, 아직 이른 시간이었음에도 카페는 만원이었다. 신문 판매점의 가판대에 걸린 신문들은 런던의 정치 스캔들에 대한 최신 속보를 전하고 있었다.

그러나 이 작은 도시에서 북서쪽으로 몇 킬로미터 떨어진 그레이트랭데일 골짜기에 이르자 분위기가 바뀌었다. 레이크 디스트릭트에 온 이후 처음으로 우리는 깊은 산골에 들어와 있었다. 자연이 인간보다 두드러진 곳이었다. 작은 길 양옆으로 떡갈나무들이 서 있었다. 나무마다 다른 나무의 그림자로부터 멀찌감치 떨어져서 자라고 있었다. 나무들 아래의 들판은 특별히 양들의 식욕을 돋우는 곳인지, 양들이 바짝 뜯어 먹어 완벽한 잔디를 이루고 있었다. 떡갈나무들은 고상한 자태를 보여주었다. 버드나무들이 흔히 그러는 것처럼 가지를 땅에 질질 끌지도 않았으며, 가까이서 보면 한밤중에 잠이 깨어 머리도 빗지 못한 것처럼 보이는 포플러들처럼 잎들이 부스스해 보이지도 않았다. 떡갈나무들은 낮은 가지들을 몸 쪽으로 바짝 모으고, 위쪽 가지들은 질서정연하게 작은 계단을 만들어 위로 올려보내고 있었다. 그 결과 풍성한 녹색 잎들은 어린 아이가 그린 원형적原型的인 나무처럼 거의 완벽한 원을 이루고 있었다.

여인숙 주인의 장담에도 불구하고 비는 줄기차게 내렸고, 그 때문에 떡갈나무들은 하나의 덩어리가 된 듯한 느낌을 주었다. 떡갈나무 잎들이 축축한 지붕처럼 우리의 머리를 덮고 있었다. 비는 4만 개의 잎 위에 타닥타닥 떨어지며 화음을 만들었다. 큰 잎에 떨어지는가 아니면 작은 잎에 떨어지는가, 높은 잎에 떨어지는가 아니면 낮은 잎에 떨어지는가, 물이 고인 잎에 떨어지는가 아니면 텅 빈 잎에 떨어지는가에 따라서 빗소리는 다르게 들렸다. 이 나무들은 질서가 잡힌 복잡성의 상징이었다. 뿌리는 흙으로부터 끈질기게 양분을 빨아들였으며, 줄기의 모세관은 물을 25미터 위로 보냈고, 각 가지는 자신의 잎들에게 필요한 것들을 지나치지 않게 적당히 받아들였고, 또 각 잎은 전체의 유지에 기여했다. 나무는 인내의 상징이었다. 이렇게 비가 오는 아침에도, 그리고 앞으로 다가올 수많은 비오는 날에도 아무런 불평 없이 한데에 나와 앉아 있을 것이기 때문이다. 나무는 폭풍 속에서도 언짢아하지 않으며, 자신이 있는 곳을 떠나 다른 골짜기로 건너가고 싶은 즉흥적인 욕망을 느끼지 않는다. 그저 수많은 가느다란 손가락들을 질척질척한 흙 속에, 중앙의 줄기로부터 몇 미터나 떨어진 곳에, 손바닥에 빗물을 받치고 있는 가장 높은 잎들로부터는 아주 멀리 떨어진 곳에 깊이 파묻은 채 만족할 따름이다.

워즈워스는 떡갈나무 아래에 앉아 빗소리를 듣거나, 허공에 금이 가듯 잎들 사이로 햇살이 비쳐드는 모습을 지켜보기를 좋아했다. 그가 보기에 나무의 인내와 위엄은 덧없는 존재들 앞에 내보일 자연의 귀중한 특징이었다.

현재 있는 것들, 그리고 지나버린 것들이
추는 빠른 춤에 취해버린 마음 앞에
영속하는 것들의 단정한 모습을 내보여라.

워즈워스는 자연이 우리로 하여금 삶에서, 그리고 서로에게서 "바람직하고 선한 모든 것"을 구하게 한다고 주장했다. 자연은 "올바른 이성의 이미지"로서 도시 생활에서 나타나는 비꼬인 충동들을 진정시킨다는 것이다.

우리가 (부분적으로라도) 워즈워스의 주장을 받아들이려면, 그 이전에 우리의 정체성에는 다소 순응성이 있다는 원칙, 즉 우리가 함께 있는 사람—때로는 사물—에 따라서 변한다는 원칙을 인정할 필요가 있다. 어떤 사람과 함께 있으면 마음이 너그러워지고 감수성이 풍부해지는 반면, 어떤 사람과 함께 있으면 경쟁심이 생기고 질투가 일어난다. 따라서 A가 지위와 위계에 강박감을 가지고 있다면, 거의 눈치도 채지 못하는 상태에서 B까지 자신의 의미에 대해서 걱정을 하게 될 수도 있다. 심지어 A의 농담으로 인해서 지금까지는 잠복해 있던 우스꽝스러운 느낌들이 슬며시 머리를 내밀 수도 있다. 그러나 B를 다른 환경에 가져다놓으면, 그의 관심은 새로운 상대에게 반응하며 미묘하게 변할 것이다.

그렇다면 폭포나 산, 떡갈나무나 애기똥풀, 즉 의식적 관심이 없으며 따라서 특정한 행동을 조장하거나 억제할 수도 없을 것으로 보이는 사물과 함께 있을 때 사람의 정체성에는 어떤 일이 일어날까? 자연의 유익한 영향에 대한 워즈워스의 주장의 요체를 따르면 생명이 없는 물체도 그 주위에 있는 사람들에게 영향을 줄 수 있다. 자연의 모습은 우리에게 어떤 가치를 암시하는 힘이 있으며—떡갈나무는 위엄, 소나무는 결단, 호수는 침착—따라서 크게 눈에 띄지 않으면서도 미덕에 영감을 주는 역할을 할 수 있다.

워즈워스는 1802년 여름 어느 젊은 학생에게 보낸 편지에서 시의 임무에 대해 언급하면서 자연이 체현하고 있는 가치들을 구체적으로 언급한다. “위대한 시인은……어느 정도는 인간의 감정을 교정해야 하네……. 사람들의 감정을 좀더 **건전하고, 순수하고, 영속적인** 것으로 만들어야 하지. 간단히 말해서 자연과 좀더 일치하도록 만들어야 하네.”

워즈워스는 자연의 모든 풍경에서 그런 건전, 순수, 영속의 예들을 보았다. 예를 들면 꽃은 겸손과 온유의 모범이었다.

> 이 햇살과 공기를 나와 함께 마시는
> 착하고 고요한 생물체여!
> 그대는 전에도 그랬듯이 나의 마음에
> 기쁨을 주고
> 그대의 온유한 성품까지 조금씩
> 나누어주는 것인가!
>
> —「데이지에게」

또한 동물들은 금욕주의의 전형들이었다. 워즈워스는 한때 아무리 날씨가 나빠도 도브코티지 위의 과수원에서 하루도 빠짐없이 노래를 하는 푸른박새에 강한 애착을 가진 일이 있었다. 시인과 그의 누이는 이곳에서 아주 추운 첫겨울을 보내면서 그들과 마찬가지로 이 지역에 새로 살러 온 백조 한 쌍으로부터 영감을 받았는데, 이 백조는 워즈워스 남매보다 훨씬 더 강한 인내심으로 추위를 견뎌냈다.

랭데일 골짜기를 따라 한 시간 정도 올라가자 빗줄기가 조금 약해졌다. M과 나는 희미하게 트시입 하는 소리를 들었다. 이 소리는 좀더 강하게 티십 하는 소리와 번갈아가며 되풀이되었다. 거친 풀덤불에서 밭종다리 세 마리가 날아올랐다. 침엽수 가지 위에서 늦여름의 햇빛에 옅은 모래빛깔의 깃털을 말리는 귀가 검은 딱새는 왠지 수심에 잠긴 듯한 표정이었다. 딱새는 뭔가에 놀라 훌쩍 날아오르더니 골짜기를 맴돌며 높은 소리로 빠르게 슈워, 슈위, 슈위–우 하는 소리를 되풀이했다. 그러나 그 소리는 바위를 가로질러 열심히 기어가고 있는 애벌레에도, 골짜기 바닥에 점점이 흩어져 있는 양 떼에도 아무런 영향을 주지 못했다.

양 한 마리가 좁을 길을 향해 어슬렁어슬렁 걸어가다가 호기심에 찬 표정으로 방문객들을 물끄러미 바라보았다. 인간과 양은 서로를 바라보며 경이를 느꼈다. 잠시 후 양은 드러누운 듯한 자세로 한가하게 풀을 뜯어먹었다. 양은 마치 풀이 껌이라도 되듯이 입 한쪽으로 열심히 씹었다. 무엇 때문에 나는 나이고 양은 양일까? 양이 또 한 마리 다가오더니 친구 곁에 털을 맞대고 누웠다. 그들은 잠시 서로 다 이해한다는, 온유하면서도 즐거운 눈길을 교환했다.

몇 미터 앞쪽의 냇물까지 이어지는 짙푸른 덤불 속에서 점심을 잔뜩 먹어 노곤해진 노인이 헛기침을 하는 듯한 소리가 난다. 이어 어울리지 않게, 어떤 사람이 귀중품을 잃어버리고 안달이 나서 잎 사이를 뒤지는 듯한 부산스러운 소리가 난다. 그러나 그 생물은 자기 혼자만이 아니라는 것을 알고 곧 잠잠해진다. 어린아이가 숨바꼭질을 하다가 옷장 뒤쪽에서 숨을 죽이고 있을 때의 긴장된 침묵이다. 아까 앰블사이드에서는 사람들이 신문을 사고 스콘을 먹었다. 그런데 이곳에 오니 덤불 속에 뭔가가 있다. 아마 털로 덮여 있고 꼬리도 달렸을 것 같다. 장과漿果나 날벌레를 먹는 데에 관심이 있는지, 잎 사이를 급히 달리며 입으로 소리를 낸다. 그러나 그 모든 기묘함에도 불구하고, 그 생물은 나와 같은 시간에 살고 있다. 대부분이 바위와 증기와 정적으로 이루어진 우주에서 예외로 꼽히는 이 독특한 행성에서 나와 함께 자고 숨 쉬며 살아 있는 생물이다.

워즈워스의 시적 야심 가운데 하나는 우리와 더불어 살아가는 많은 동물을 보여주려는 것이었다. 우리는 보통 그런 동물을 무시한다. 똑바로 보는 일도 거의 없고, 무엇을 하는지 무엇을 원하는지 생각하지도 않는다. 뾰족탑 위의 새나 덤불 속에서 바스락거리는 생물처럼 어렴풋하고 특징 없는 존재들이다. 워즈워스는 독자들이 평소의 관점을 버리고, 잠시라도 다른 눈으로 세상을 보면 어떨지 생각해보게 하며, 인간의 관점과 자연의 관점 사이를 오가게 한다. 왜 이런 일이 흥미가 있을까? 왜 심지어 깊은 영감을 주기도 할까? 어쩌면 오직 한 가지 입장만을 고수하고 사는 것이 불행의 시작이기 때문인지도 모른다. 레이크 디스트릭트로 오기 며칠 전 나는 우연히 새에 대한 워즈워스의 관심을 논의한 19세기 책을 보았는데, 그 책의 서문은 새들이 제공하는 대안적 관점을 가질 때에 어떤 좋은 일이 있을지 이렇게 에둘러 이야기하고 있다. “만일 전국의 지방 일간지 또는 주간지가 귀족이나 의원을 비롯하여 이 땅의 위대한 인물들의 도착이나 출발만이 아니라 새들의 도착이나 출발도 알려준다면 많은 사람들이 크게 즐거워할 것이다.” 우리가 시대나 엘리트 문제로 고통을 겪는다면, 우리가 사는 행성에 다양한 생명이 있다는 사실을 일깨워주는 것들을 만나고, 이 땅에는 위대한 사람들과 더불어 초원에서 트시입 하는 소리를 내는 밭종다리도 있다는 것을 생각하면서 위안을 얻을 수도 있을 것이다.

콜리지는 워즈워스의 초기 시들을 돌아보면서, 그 시들의 천재성을 이렇게 규정했다. “일상의 사물에 새로운 매력을 부여하는 것. 그리고 우리가 관습에 따른 무관심에서 벗어나 우리 앞의 세계의 아름다움과 경이를 발견하게 함으로써 초자연적인 것을 만났을 때와 유사한 느낌을 맛보게 하는 것. 사실 우리 앞의 세계는 바닥을 드러내지 않는 보고寶庫이지만, 익숙함과 이기적인 염려 때문에 우리는 눈이 있어도 보지 못하고, 귀가 있어도 듣지 못하고, 심장이 있어도 느끼거나 이해하지 못한다.”

워즈워스에 따르면 자연의 “아름다움”을 통해서 우리는 우리 내부의 선善을 찾을 수 있다. 따라서 냇물과 숲이 우거진 웅장한 골짜기를 굽어보는 바위 가장자리에 서 있는 두 사람은 자연과의 관계만이 아니라, 서로의 관계도 의미심장하게 바꿀 수 있다.

절벽에 있을 때는 왠지 품위 없게 느껴지는 근심이 있다. 반면 어떤 근심은 절벽과 자연스럽게 어울린다는 느낌이 들기도 한다. 절벽의 웅장함을 보면 우리 내부에서는 변하지 않는 고결한 것이 솟아오르며, 그 규모를 보면 경외감에 사로잡혀 선뜻 겸손한 마음으로 우리를 넘어서는 모든 것을 존중하게 된다. 물론 힘찬 폭포 앞에서도 동료에게 질투심을 느낄 수 있다. 그러나 워즈워스의 주장을 믿는다면, 그 가능성은 조금 줄어들 것이라고 말할 수 있다. 워즈워스는 자연 속에서 살면서 자신의 성격이 경쟁, 질투, 불안에 저항하는 쪽으로 형성되어갔다고 주장했다. 그래서 워즈워스는 이렇게 찬양했다.

나는 위대하거나 아름다운 것들을 통해서
인간을 처음으로 보았고,
그러한 것들의 도움을 받아
처음으로 인간과 교감했다.
그리하여 우리가 사는 보통 세상의

애셔 브라운 듀런드, 「의기투합한 두 사람」, 1849년.

모든 곳에서 들끓고 있는
비열함, 이기적 관심,
거친 행동거지, 그리고 천한 욕정에 대한
확실한 안전판과 방호벽이 세워졌다.

7

M과 나는 레이크 디스트릭트에 오래 머물 수 없었다. 우리는 도착한 지 사흘 만에 런던행 기차에 올랐다. 우리 맞은편에 앉은 남자는 휴대전화로 여러 차례 전화를 했는데, 들판과 산업도시 몇 개를 지나도록 대화가 이어지면서, 그가 자신의 돈을 빌려간 짐이라는 사람을 찾고 있다는 사실을 열차 안에 있는 사람들 모두가 알게 되었다.

자연과의 접촉이 아무리 유익하다고 해도, 우리는 그 효과가 지속되는 시간이 제한적일 수밖에 없다는 사실을 알고 있다. 자연 속에서 보낸 사흘의 심리적 영향력이 몇 시간 이상 지속될 것이라고 기대할 수는 없을 것이다.

그러나 워즈워스는 그렇게 비관적이지 않았다. 시인은 1790년 가을 알프스 도보 여행에 나선다. 그는 제네바에서 샤모니 골짜기까지 갔다가, 그곳에서 생플롱 고갯길을 넘어 공도 협곡으로 내려가서 마기오르 호수에 이르렀다. 그는 누이에게 보낸 편지에서 자기가 본 것을 이렇게 묘사했다. "이 수많은 풍경들이 내 마음 앞에서 둥둥 떠다니는 지금 이 순간, **내 평생 단 하루도** 이 이미지들로부터 행복을 얻지 못하고 지나가는 일은 없을 것이라는 생각에 큰 기쁨이 밀려온다"(강조는 필자).

이것은 과장이 아니었다. 수십 년 뒤에도 알프스는 계속 워즈워스 안에서 살아남아, 기억 속에서 그곳을 불러낼 때마다 그의 영혼은 힘을 얻었다. 이렇게 알프스가 그의 기억 속에 계속 살아남게 되자 그는 자연 속의 어떤 장면들은 우리와 함께 평생 지속되며, 그 장면이 우리의 의식을 찾아올 때마다 현재의 어려움과 반대되는 그 모습에서 우리는 해방감을 맛보게 된다고 주장했다. 그는 자연 속의 이러한 경험을 "시간의 점spot"이라고 불렀다.

우리의 삶에는 시간의 점이 있다.
이 선명하게 두드러지는 점에는
재생의 힘이 있어……
이 힘으로 우리를 파고들어
우리가 높이 있을 때는 더 높이 오를 수 있게 하며
떨어졌을 때는 다시 일으켜세운다.

워즈워스는 자연 속에 이런 작지만 중요한 순간들이 있다는 믿음 때문에 자신의 많은 시들에 매우 구체적인 부제를 붙이기도 했다. 예컨대 「틴턴 사원」의 부제—“1798년 7월 13일 여행 중에 와이 강변을 다시 찾고”—는 정확한 날짜를 명기하고 있는데, 이것은 산골에서 골짜기를 굽어보며 보낸 몇 순간을 한 사람의 인생에서 가장 의미 있고 유익한 순간으로 꼽을 수 있으며, 따라서 생일이나 결혼기념일만큼 정확하게 기억할 가치가 있음을 암시하고 있다.

나 역시 시간의 점을 부여받았다. 그 일은 우리가 레이크 디스트릭트를 찾았던 둘째 날 늦은 오후에 일어났다. M과 나는 앰블사이드 근처의 한 벤치에 앉아 초콜릿 바를 먹고 있었다. 우리는 각자 어떤 초콜릿 바를 좋아하는지를 놓고 몇 마디를 나누었다. M은 캐러멜이 가득 든 것을 좋아한다고 했고, 나는 바삭바삭해서 비스킷 같은 느낌을 주는 것에 더 관심이 간다고 말했다. 이어 우리는 입을 다물었고, 나는 들판 너머 냇가의 덤불을 보았다. 나무는 다양한 색깔을 드러내고 있었다. 녹색은 조금씩 섬세하게 변하고 있었다. 마치 색상 차트의 표본을 부채처럼 펼쳐놓은 것 같았다. 이 나무들은 건강하고 충만한 인상을 주었다. 세상이 낡았고 또 자주 슬프다는 것에는 전혀 개의치 않는 것 같았다. 나는 그들 속에 얼굴을 묻고, 그들의 냄새로 힘을 회복하고 싶은 유혹을 느꼈다. 자연이 벤치에 앉아 초콜릿을 먹는 두 사람의 행복에는 아무런 관심 없이, 홀로 아름다움과 비례에 대한 인간적 감각에 완벽하게 어울리는 장면을 제시할 수 있다는 것이 매우 특별하게 ㄴ껴졌다.

그러나 그 장면을 내가 온전히 받아들인 것은 불과 1분뿐이었다. 곧 일에 대한 생각이 침입을 했고, M이 전화를 걸러 여인숙으로 돌아가야겠다고 말을 했기 때문이다. 따라서 나는 그 장면이 내 기억 속에 박힐 줄은 몰랐다. 그러나 어느 날 오후에 런던에서 여러 가지 근심으로 마음이 짓눌린 상태에서 교통 체증에 걸려 있었는데, 그 나무들이 나에게 돌아왔다. 수많은 모임들과 답장을 보내지 못한 편지들을 밀쳐내고, 내 의식 속으로 뚫고 들어오고 있었다. 나는 수많은 차량과 군중을 떠나, 이름은 모르지만 바로 눈앞에 서 있는 것처럼 분명하게 보이는 나무들에게로 돌아갔다. 이 나무들은 내 생각들을 올려놓을 수 있는 선반을 제공했다. 이 나무들은 근심의 소용돌이로부터 나를 보호했고, 그날 오후에 나에게 거창하지는 않지만 살아야 할 이유를 주었다.

1802년 4월 15일 아침 11시, 워즈워스는 M과 내가 머물렀던 곳에서 북쪽으로 몇 킬로미터 떨어진 울스워터 호수의 서쪽 물가에 핀 수선화를 보았다. 그는 약 1만 송이의 수선화가 "바람에 춤을 추고 있다"고 썼다. 호수의 물결도 꽃들 옆에서 춤을 추는 것 같았다. 그러나 수선화가 "환희라는 면에서는 반짝거리는 물결을 능가했다." 그는 자신에게 시간의 점이 될 한순간에 대해서 "그 광경이 나에게 얼마나 큰 부를 안겨주었는지 모른다"고 말했다.

내가 가끔 안락의자에 누워
마음을 비우거나 사색적인 기분에 잠겼을 때
수선화들은 그 내면의 눈앞에 번쩍하고 나타난다……
그러면 내 마음은 즐거움으로 가득 차
수선화와 어울려 춤을 춘다.

어쩌면 마지막 행은 바이런에게 "지나치게 감상적"이라고 비난을 받을지도 모른다. 그럼에도 도시의 "떠들썩한 세상"의 차량들 한가운데서 마음이 헛헛하거나 수심에 잠겨 있을 때, 우리 역시 자연을 여행할 때 만났던 이미지들, 냇가의 나무들이나 호숫가에 펼쳐진 수선화들에 의지하며, 그 덕분에 "노여움과 천박한 욕망"의 힘들을 약간은 무디게 할 수 있다.

2000년 9월 14–18일,
레이크 디스트릭트를 여행하고 나서

VI

숭고함에 대하여

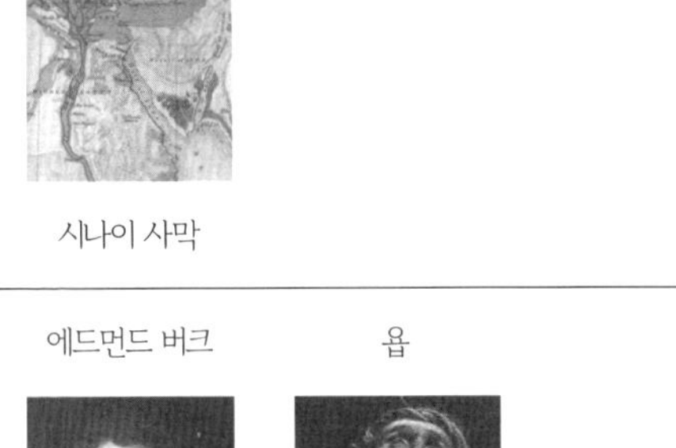

장소	시나이 사막
안내자	에드먼드 버크 / 욥

1

오랫동안 사막을 몹시 좋아했고, 미국 서부를 찍은 사진들(황무지를 가로질러 바람에 나부끼는 회전초 조각들)이나 큰 사막 이름(모하비, 칼라하리, 타클라마칸, 고비)만 들어도 마음이 움직인 끝에, 나는 시나이 사막을 돌아다니기 위해서 이스라엘의 에일라트 휴양지로 가는 전세 항공기를 예약했다. 가는 비행기에서 나는 옆에 앉은 젊은 오스트레일리아 여자—에일라트 힐튼 호텔의 구명요원 자리를 구해 그곳에 가는 중이었다—와 이야기를 나누었고 파스칼을 읽었다.

> 내가 차지하고 있는 작은 공간을……생각해본다……. 내가 아무것도 모르고 또 나에 대해서 아무것도 모르는 무한히 광대한 공간들[l'infinie immensité des espaces que j'ignore et qui m'ignorent]이 이 작은 공간을 삼키고 있다는 것을 알 수 있다. 그 생각을 하면 내가 저기가 아니라 여기에 있다는 것이 무섭고 놀랍다. 나는 저기가 아닌 여기에 있을 이유도 없고, 다른 때가 아닌 지금 있을 이유도 없기 때문이다. 누가 나를 여기에 가져다놓았는가?
>
> —『팡세』 단장 68

워즈워스는 우리의 영혼에 유익을 줄 수 있는 감정들을 느끼기 위해서 풍경 속을 돌아다녀보라고 권했다. 나는 작아진 느낌을 얻기 위해서 사막으로 출발했다.

호텔의 직원에게 구박을 당해서건 위대한 업적을 이룩한 영웅들과 비교가 되어서건 스스로가 작다는 느낌을 받는 것은 보통 불쾌한 일이다. 그러나 자신이 작다는 느낌이 만족스러울 때도 있다.

알베르트 비어슈타트의 「로키 산맥, 랜더스 봉우리」(1863)나 필립 제임스 드 루테르부르의 「알프스의 눈사태」(1803)나 카스파르 다비드 프리드리히의 「뤼겐의 백악 절벽」 앞에 서본 사람이라면 그 말의 의미를 이해할 것이다. 그런 황량하고 압도적인 공간들이 우리에게 어떤 영향을 주는가?

2

시나이로 들어간 지 이틀 만에 나를 포함해서 12명이 속한 그룹은 생명이 없는 골짜기, 나무와 풀, 물과 짐승이 없는 골짜기에 이르렀다. 사암 바닥 여기저기에는 둥근 바위들만 흩어져 있었는데, 마치 성질이 더러운 거인이 쾅쾅거리며 걷는 바람에 주위의 산비탈로부터 바위들이 굴러떨어진 것 같았다. 이 산들은 벌거벗은 알프스 같았다. 그렇게 벗고 있었기 때문에 보통은 흙이나 소나무 숲에 덮여 드러나지 않는 지질학적 기원이 드러났다. 수천 년의 압력을 말해주는 틈이나 균열도 있었고, 양쪽의 시간

알베르트 비어슈타트, 「로키 산맥, 랜더스 봉우리」, 1863년.

대가 서로 어긋나는 단면도 있었다. 지구의 판 구조가 화강암을 아마포처럼 주물러 주름을 잡아놓기도 했다. 산맥은 지평선 너머 무한으로 보이는 곳까지 펼쳐져 있었다. 시나이 남부의 고원 지대는 결국 뜨겁게 달구어진 자갈이 깔린 밋밋한 분지로 이어지는데, 베두인족은 이 분지에 엘 티El Tih, 즉 "방랑의 사막"이라는 이름을 붙여놓았다.

3

어떤 장소에서 느끼는 감정이 적절한 한단어로 표현되는 경우는 찾아보기 힘들다. 초가을 저녁 날빛이 희미해지는 것을 보면서 느끼는 감정, 또는 빈터에서 전혀 움직임이 없는 물웅덩이와 마주쳤을 때 느끼는 감정을 전달하려면 이런저런 말들을 어색하게 잔뜩 쌓게 되기 마련이다.

그러나 절벽과 빙하, 밤하늘과 바위가 흩어진 사막을 보면서 느끼는 특정한 반응을 나타낼 수 있는 하나의 단어가 18세기 초에 두각을 나타내기 시작했다. 이런 곳에서 사람들이 흔히 경험하는 느낌은 숭고하다*라고 부르게 되었고, 또 그런 감정을

---

* sublime. 이 말은 경우에 따라 웅장하다거나 장엄하다고 옮기는 것이 더 어울리기도 하지만, 이미 굳어진 이 단어의 번역어를 고려하여 일관성 있게 숭고하다는 말로 옮기고 때로는 숭고미(崇高美)라는 표현도 사용했다.

필립 제임스 드 루테르부르, 「알프스의 눈사태」, 1803년.

카스파르 다비드 프리드리히, 「뤼겐의 백악 절벽」, 1818년경.

느꼈다고 말하면 다른 사람들도 어김없이 알아듣게 되었다.

이 말 자체는 200년경 그리스의 롱기누스가 썼다는 「숭고에 대하여」라는 논문에서 유래했지만, 점점 잊혀지다가 1712년 이 글이 영어로 재번역되면서 새삼 비평가들의 지대한 관심을 받게 되었다. 당시 비평가들이 이 말을 구체적으로 분석한 방식은 각기 다르지만, 그들이 공유한 가정은 주목할 만하다. 그들은 크기, 공허, 위험을 통해서 이제까지는 연결되지 않았던 다양한 풍경들을 하나의 범주로 묶었으며, 이러한 장소들이 기쁨을 주는 동시에 도덕적으로도 좋은 감정—확인 가능한 감정—을 자극한다고 주장했다. 그 뒤로 풍경의 가치를 평가할 때는 단지 형식적인 미학적 기준(예를 들면 색깔의 조화나 선의 배치)이나 경제적 또는 실용적 기준만을 따지는 것이 아니라, 그 장소가 인간 정신을 숭고함으로 고양시키는 힘을 가지느냐는 것도 따지게 되었다.

조지프 애디슨은 「상상력의 기쁨에 관한 에세이」라는 글에서 "광활하게 트인 시골, 개발되지 않은 넓은 사막, 첩첩이 늘어선 거대한 산맥, 높은 바위와 절벽과 넓은 물" 앞에서 "기쁨을 주는 고요와 놀라움"을 느낀다고 썼다. 영국의 시인 힐데브랜드 제이콥은 「숭고에 의해서 정신이 고양되는 방식」이라는 글에서 우리가 이 귀중한 감정을 느낄 가능성이 높은 장소와 물건들의 목록을 나열했다. 잔잔하거나 폭풍우가 치는 드넓은 바다, 석양, 절벽, 동굴, 스위스의 산맥.

여행자들은 조사를 하기 위해서 떠났다. 1739년 시인 토머스 그레이는 알프스를 도보로 여행했다. 숭고한 것을 찾는다는 자의식을 가지고 출발한 많은 사람들 가운데 한 사람이었던 그는 여행 후에 이렇게 기록했다. "그랑드 샤르트뢰즈로 올라가는 짧은 여행 동안 나는 열 걸음 정도를 내디딜 때마다 억누를 수 없는 탄성을 내지르곤 했다. 그것은 단순한 절벽도 아니요, 격류도 아니요, 낭떠러지도 아니었다. 그것은 종교와 시를 잉태하고 있었다."

4

새벽의 시나이 남부. 그렇다면 이 감정은 무엇일까? 이것은 4억 년 전에 만들어진 골짜기를 통해서 느끼는 감정, 2,300미터 높이의 화강암 산을 통해서 느끼는 감정, 일련의 가파른 협곡의 벽에 표시된 수천 년의 침식 흔적을 통해서 느끼는 감정이다. 이런 것들 옆에 있으면 인간은 그저 늦게 나타난 먼지에 불과한 것으로 보인다. 숭고함은 우주의 힘, 나이, 크기 앞에서 인간의 약함과 만나는 것이다. 이것은 유쾌할 수 있고, 심지어 사람을 도취시킬 수도 있다.

나의 배낭에는 횃불, 해를 가릴 모자, 에드먼드 버크가 들어 있다. 버크는 스물네 살의 나이에 런던에서 법률 공부를 포기하고 『숭고함과 아름다움에 관한 우리 이상들의 기원에 대한 철학적 탐구』를 썼다. 그는 단정적이다. 숭고함은 약하다는 감정과 관계가 있을 수밖에 없다는 것이다. 아름다운 풍경은 많다. 봄의 초원, 완만한 골짜기, 떡갈나무, 꽃무리(특히 데이지 무리). 그러나 이런 것들은 숭고하지는 않다. “숭고함과 아름다움이라는 두 관념은 종종 혼동된다. 이 두 말은 서로 매우 다르고 또 정반대인 사물들에 무차별적으로 적용되고 있다.” 버크는 그렇게 불평했다. 사람들이 런던 교외의 큐에서 템스 강을 보고 입을 떡 벌리며 그것을 숭고하다고 부르기도 한다는 사실과 마주치고 젊은 철학자가 느낀 짜증이 느껴진다. 풍경은 힘, 인간의 힘보다 크고 인간에게 위협이 될 만한 힘을 보여줄 때만 숭고하다는 감정을 불러일으킬 수 있다. 숭고한 장소들은 인간의 의지에 대한 도전을 보여준다. 버크는 자신의 주장을 설명해주는 예로 거세된 수소와 거세하지 않은 황소의 비유를 들고 있다. “거세된 수소는 아주 힘이 센 동물이다. 그러나 순진한 동물이며, 매우 쓸모 있고, 전혀 위험하지 않다. 이러한 이유 때문에 거세된 수소라는 관념은 결코 웅장하지 않다. 거세되지 않은 황소도 힘이 세다. 그러나 그 힘은 종류가 다르다. 매우 파괴적인 경우도 많다……. 따라서 거세되지 않은 황소라는 관념은 위대하다. 따라서 이 관념은 숭고한 묘사에, 감정을 고양하는 비교에 자주 등장한다."

순진하고, "전혀 위험하지 않으며", 인간의 의지에 유순하게 따르는 거세된 수소 같은 풍경도 있다. 버크는 어린 시절을 그런 곳에서 보냈다. 더블린에서 남서쪽으로 50킬로미터 떨어진 킬데어 카운티 볼리토 마을의 퀘이커 교도 기숙사 학교였다. 그곳의 풍경은 농장, 과수원, 산울타리, 강, 정원으로 이루어져 있었다. 그런가 하면 황소 같은 풍경도 있었다. 이 수필가는 그런 풍경의 특색들을 나열했다. 광대하고, 공허하고, 종종 어둡고, 균일성과 연속성 때문에 무한해 보인다. 시나이도 그런 풍경 가운데 하나였다.

5

그런데 왜 기쁨일까? 왜 이런 작아지는 느낌을 찾게 될까? 그리고 심지어 그 안에서 기쁨을 찾을까? 왜 안락한 에일라트를 떠나 사막에 열광하는 사람들 무리에 끼어 무거운 배낭을 메고 아카바 만의 해안을 따라 먼 길을 걷는 것일까? 그래서 바위와 정적만 있는 곳에 이르러, 도망자처럼 거대한 바위 아래의 빈약한 그늘에서 해를 피해야 할까? 화강암 바닥, 뜨겁게 달구어진 자갈이 깔린 분지, 용암이 굳어버린 것 같은 산맥이 가없이 뻗어나가다가 산정山頂들이 강렬한 파란색 하늘의 가장자리에서

스러지는 것을 바라보며 절망이 아니라 환희를 느낄까?

한 가지 대답은 우리보다 강한 것이 모두 우리의 미움을 받는 것은 아니라는 점이다. 우리의 의지에 도전하는 것은 분노와 원한을 자극할 수도 있지만, 동시에 경외와 존경을 불러일으킬 수도 있다. 그것은 그 장애물의 도전이 고귀하냐 아니면 너저분하고 무례하냐에 달려 있다. 우리는 안개에 싸인 산의 도전은 존중하지만, 건방진 호텔 도어맨의 도전은 용납하고 싶어하지 않는다. 버크의 동물의 비유를 확장해보면, 황소는 숭고한 느낌을 불러일으킬 수 있지만, 피라니아는 그럴 수 없다. 그것은 동기의 문제로 보인다. 우리는 피라니아의 힘은 사악하고 약탈적인 것으로 해석하지만, 황소의 힘은 가식 없고 감정이 섞이지 않은 것으로 해석한다.

우리는 사막에 있지 않을 때도 다른 사람들의 행동과 우리 자신의 결함을 보고 스스로 작다고 느끼는 경향이 있다. 굴욕은 인간 세계에서는 항상 마주칠 수 있는 위험이다. 우리의 의지가 도전을 받고 우리의 소망이 좌절되는 일은 드물지 않다. 따라서 숭고한 풍경은 우리를 우리의 못남으로 안내하는 것이 아니라, 우리가 그 익숙한 못남을 새롭고 좀더 도움이 되는 방식으로 생각하도록 해준다. 이것이야말로 숭고한 풍경이 가지는 매력의 핵심이다.

숭고한 장소는 일상생활이 보통 가혹하게 가르치는 교훈을

웅장한 용어로 되풀이한다. 우주는 우리보다 강하다는 것, 우리는 연약하고, 한시적이고, 우리 의지의 한계를 받아들일 수밖에 없다는 것, 우리 자신보다 더 큰 필연성에 고개를 숙일 수밖에 없다는 것.

이것이 사막의 돌과 남극의 얼음 벌판에 쓰인 교훈이다. 이 교훈은 아주 웅장하게 쓰여 있기 때문에 우리는 그런 장소에서 우리를 초월한 것에 짓눌리는 것이 아니라 그것으로부터 영감을 받고, 그러한 장대한 필연성에 복종하는 특권을 누리고 돌아올 수 있다. 경외감은 어느새 숭배하고 싶은 욕망으로 바뀌어갈 수도 있다.

6

인간보다 강한 것을 전통적으로 신이라고 불러왔기 때문에, 시나이에서 신을 생각하게 되는 것은 특별한 일이 아닐 것 같다. 이곳의 산과 골짜기를 보면 자연스럽게 이 행성이 우리가 태어나기 오래 전에 우리의 손이 아닌 다른 것에 의해서, 우리가 모을 수 있는 힘보다 더 큰 힘에 의해서 만들어졌으며, 우리의 소멸 이후에도 오랫동안 유지될 것이라는 생각을 하게 된다(길가에 꽃과 패스트푸드점이 있을 때는 생각하기 힘든 것이다).

신은 시나이에서 많은 시간을 보냈다고 하는데, 그 가운데 가장 잘 알려진 시기는 이곳 중부 지역에서 먹을 것이 없다고 불평하면서 이방의 신에게 곧잘 넘어가곤 하던 성미 급한 이스라엘인 무리를 돌본 2년간이었다. 모세는 죽기 직전에 말했다. “야훼께서 시나이에서 오신다”(「신명기」 33 : 2). 「출애굽기」에는 이런 말들이 나온다. “시나이 산은 연기가 자욱하였다. 야훼께서 불 속에서 내려오셨던 것이다. 가마에서 뿜어나오듯 연기가 치솟으며 산이 송두리째 뒤흔들렸다”(19 : 18). “온 백성은 천둥과 번개와 나팔 소리와 산에 자욱한 연기를 멀리서 바라보고 두려워 떨었다……. 모세는 백성에게 일러주었다. ‘두려워하지 말아라. 하느님께서는 너희를 시험하기 위하여 나타나신 것이다……’”(20 : 18–19).

성경의 역사는 시나이에서 야영을 하는 여행자가 어차피 그곳에서 받을 수밖에 없는 인상을 강화해줄 뿐이다. 어떤 의도를 가진 존재, 인간보다 큰 존재, 단순한 “자연”은 소유하지 못한 지적 능력을 가진 존재가 이곳에 손을 댄 것이 틀림없다는 인상이다. 세속적인 정신으로 생각할 때도 신이라는 말이 크게 어긋나는 명칭 같아 보이지 않는 “존재”이다. 사암 골짜기를 눈으로 따라 올라가다 보면 거대한 제단처럼 보이는 곳이 나오고, 그 위에는 날렵한 초승달이 걸려 있다. 이곳에 서 있으면 초자연적인 힘뿐만 아니라 자연적인 힘도 아름다움을 만들 수 있고 힘을 보여줄 수 있다는 주장은 왠지 별로 설득력이 없게 느껴진다.

일찍이 숭고함에 대해서 글을 쓴 사람들은 대부분 숭고한 풍경을 종교와 연결시켰다.

조지프 애디슨, 「상상력의 기쁨에 관한 에세이」(1712) :

"광활한 공간을 보면 자연스럽게 '전능한 존재'에 대한 관념이 떠오른다."

토머스 그레이, 『서간집』(1739) :

"다른 어떤 논증의 도움이 없어도 무신론자에게 경외감을 일으켜 신앙으로 이끄는 장면들이 있다."

토머스 콜, 「미국 풍경론」(1835) :

"자연에서 한번도 벗어나지 않은 것 같은 고독한 풍경은 창조주 하느님을 연상시킨다. 이런 풍경은 하느님의 더럽혀지지 않은 작품이며, 정신은 그곳을 보며 영원한 것들을 생각하게 된다."

랠프 월도 에머슨, 「자연」(1836) :

"자연의 가장 고귀한 직무는 신의 유령 역할을 맡는 것이다."

신에 대한 전통적인 믿음이 희미해지기 시작하던 바로 그 순간에 서구인이 숭고한 풍경에 매력을 느끼기 시작한 것은 우연이 아니다. 여행자들은 이런 풍경을 통해서 도시와 경작된 시골에서는 더 이상 느낄 수 없는 초월적 감정들을 경험하는 것이라고 볼 수 있다. 그들은 한편으로는 이제는 별로 그럴듯하게 느껴지지 않는 성경 텍스트의 구체적인 주장과 조직된 종교로부터는 자유로워지고 싶어하면서도, 또 한편으로는 이런 풍경들을 통해서 더 큰 힘과 감정적인 연결을 가지고 싶어했다.

7

신과 숭고한 풍경 사이의 연관은 성경의 한 부분에서 분명하게 드러난다. 상황은 독특하다. 의롭지만 절망에 빠진 사람은 신에게 왜 자신의 삶이 고통으로 가득하냐고 묻는다. 그러자 신은 그에게 사막과 산을 보라고, 강과 빙산을 보라고, 바다와 하늘을 보라고 명령한다. 숭고한 장소들이 이런 심각하고 다급한 질문에 부담을 느껴본 적은 거의 없을 것이다.

에드먼드 버크가 구약에서 가장 숭고한 책이라고 말한 「욥기」의 첫 부분에서 우리는 욥이 우스 땅 출신의 부유하고 독실한 사람임을 알 수 있다. 그에게는 아들 일곱과 딸 셋, 양 7,000마리, 낙타 3,000마리, 겨릿소 500쌍, 나귀 500마리가 있었다. 그의 뜻은 모두 이루어졌으며, 그의 덕은 보답을 받았다. 그러던 어느 날 재난이 일어났다. 스바 사람들이 욥의 황소와 나귀를 훔쳐갔고, 번개가 양을 죽였고, 갈대아 사람들이 낙타를 약탈해갔다. 사막에서 모진 바람이 불어와 그의 큰아들의 집을 부수고, 그 형제자매를 모두 죽였다. 게다가 발바닥에서 정수리까지 심한 부스럼이 나는 바람에, 욥은 잿더미 위에 앉아서 깨진 도기 조각으로 몸을 긁어야 했다.

왜 욥이 이런 괴로움을 겪게 되었을까? 그의 친구들은 답을 알고 있었다. 그가 죄를 지었기 때문이다. 수아 사람 빌닷은 욥과 그의 자식들이 잘못을 하지 않았다면 하느님이 그들을 죽였을 리가 없다고 말한다. "하느님은 흠 없고 정직한 사람을 버리지 않으신다."

이것이 빌닷의 말이었다. 나아마 사람 초바르는 그 정도면 하느님이 욥을 관대하게 대해주시는 것이 틀림없다고 말한다. "하느님이 너에게 주신 벌이 네가 마땅히 받아야 할 것에 비해서 오히려 가벼운 것임을 알아야 한다."

그러나 욥은 이런 말을 받아들일 수 없었다. 욥은 그것을 "재와 같은 격언", "흙더미에 불과한 변호"라고 불렀다. 그는 나쁜 사람이 아니었다. 그런데 왜 그에게 나쁜 일이 일어났을까?

이것은 구약 전체에 걸쳐 하느님에게 물어본 질문 가운데 가장 신랄한 질문에 속한다. 성난 하느님은 사막의 폭풍에서 욥에게 이렇게 대답한다.

> 무식한 말로 내 뜻을 흐리게 하는 자가 누구냐?
>
> 이제 너는 남자답게 일어나 내가 묻는 말에 대답하라.

내가 땅의 기초를 놓을 때에 너는 어디 있었느냐?

네가 그렇게 많이 알면 한번 말해보아라.

누가 그 크기를 정하였으며, 누가 그 위에 측량줄을 대어보았는지 너는 알고 있느냐?……

너는 빛이 확산되는 지점과 동풍이 땅으로 흩어지는 곳에 가본 일이 있느냐?

폭우가 흘러내려가는 골짜기 길을 누가 만들었으며, 번개가 다니는 길을 누가 만들었느냐?……

얼음과 서리의 어미는 누구냐?……

네가 하늘의 법칙을 알고, 그 법칙이 땅에 적용될 수 있도록 하겠느냐?

너는 구름에게 큰 소리로 명령하여 그것이 비가 되어 네 위에 내리게 할 수 있겠느냐?……

매가 하늘 높이 솟아올라 남쪽을 향해 날개를 펴고 나는 것이 네게서 배운 지혜 때문이냐?……

네가 나 같은 팔을 가졌으며, 나만큼 우렁찬 소리를 낼 수 있느냐?……

네가 낚시로 악어처럼 생긴 바다 괴물을 낚을 수 있겠느냐?

하느님은 착하게 살았는데도 왜 고난을 겪어야 하느냐는 욥의 질문을 받자 욥의 눈길을 자연의 엄청난 현상으로 돌린다.

하느님은 말한다. 일이 네 뜻대로 되지 않는다고 놀라지 말라. 우주는 너보다 더 크다. 일이 네 뜻대로 되지 않은 이유를 이해하지 못한다고 놀라지 말라. 너는 우주의 논리를 헤아릴 수 없다. 산 옆에 있으면 네가 얼마나 작은지 보아라. 너보다 큰 것, 네가 이해하지 못하는 것을 받아들여라. 세상이 너에게는 비논리적으로 보일지 모르지만, 그렇다고 해서 세상이 그 자체로 비논리적인 것은 아니다. 우리의 삶이 모든 것의 척도는 아니다. 숭고한 곳들을 생각하면서 인간의 하찮음과 연약함을 생각하도록 하라.

여기에는 엄격하게 종교적인 메시지가 있다. 하느님은 욥에게 모든 일이 그를 중심으로 돌아가지 않고 가끔 그의 이익과 반대되는 쪽으로 흐른다고 해도, 그의 마음에는 하느님이 있지 않느냐고 묻는다. 신의 지혜가 인간의 이해를 넘어설 때, 의로운 사람은 숭고한 자연 광경을 보고 자신의 한계를 깨달은 다음 우주에 대한 하느님의 계획을 계속 신뢰해야 한다는 것이다.

8

욥의 질문에 대한 답변이 종교적이라고 해서 이 이야기가 세속적인 사람들에게 타당성을 잃는 것은 아니다. 우리가 넘을 수 없는 장애와 이해할 수 없는 사건들을 만났을 때, 숭고한 풍경

이 그 웅장함과 힘을 통해서 우리가 원한을 품거나 탄식하지 않고 그 사건을 받아들이도록 도와준다는 데에는 변함이 없다. 구약의 신이 알고 있었듯이, 자연 속에서 물리적으로 인간을 넘어서는 요소들—산, 땅의 띠, 사막—을 가리켜 보여주는 것이 위축된 인간의 기운을 북돋는 데에 도움이 될 수 있다.

만약 세상이 불공평하거나 우리의 이해를 넘어설 때, 숭고한 장소들은 일이 그렇게 풀리는 것이 놀랄 일은 아니라고 이야기한다. 우리는 바다를 놓고 산을 깎은 힘들의 장난감이다. 숭고한 장소들은 부드럽게 우리를 다독여 한계를 인정하게 한다. 보통의 경우라면 한계에 부딪힐 때 불안과 분노를 느끼겠지만. 우리에게 도전하는 것은 자연만이 아니다. 인간의 삶도 똑같이 압도적일 수 있다. 그러나 가장 훌륭한 태도로, 가장 예의를 갖추어 우리를 넘어서는 것들이 존재한다는 사실을 일깨워주는 것은 아마 자연의 광대한 공간일 것이다. 그런 공간에서 시간을 보낸다면, 우리의 삶을 힘겹게 만드는 사건들, 필연적으로 우리를 먼지로 돌려보낼 그 크고 헤아릴 수 없는 사건들을 좀더 담담하게 받아들이는 데에 도움을 얻을 수도 있을 것이다.

예술

VII

눈을 열어주는 미술에 대하여

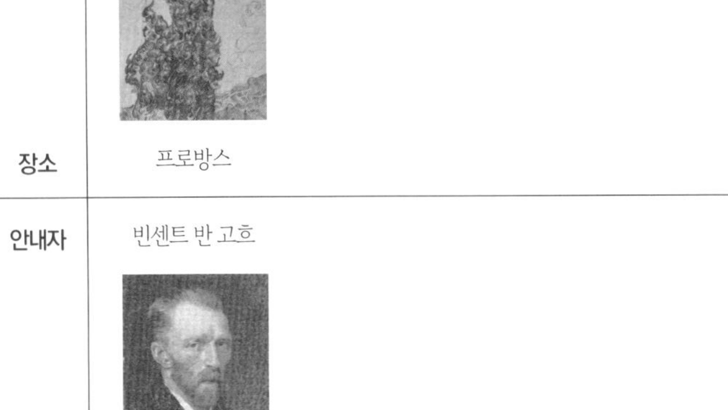

장소 프로방스

안내자 빈센트 반 고흐

1

어느 해 여름 프로방스에 있는 농장에서 친구들과 함께 며칠을 보내자는 권유를 받았다. 나도 프로방스라는 말이 많은 사람들에게 여러 가지 풍부한 연상을 불러일으킨다는 것은 알고 있었다(나에게는 그렇지 않았지만). 나 자신은 프로방스라는 말이 나오면, 별 근거도 없는 어떤 느낌 때문에 지레 그곳이 나와는 맞지 않을 것이라고 생각하고 흥미를 잃곤 했다. 어쨌든 프로방스가 일반적으로 보는 눈이 있는 사람들에게는 매우 아름다운 곳으로 여겨지고 있다는 사실은 나도 분명히 알고 있었다. “아, 프로방스!” 그들은 오페라 또는 델프트 도자기와 마주쳤을 때에나 보여주는 경의에 찬 표정으로 나지막이 그렇게 말하곤 했다.

나는 비행기를 타고 마르세유로 날아가, 공항에서 작은 르노 자동차를 빌린 다음 나를 초대한 사람들의 집으로 향했다. 그들의 집은 아를과 생-레미 사이의 알피유 산 발치에 자리잡고 있었다. 나는 마르세유를 빠져나오면서 길을 제대로 찾지 못하다가 결국 포-쉬르-메르의 거대한 정유공장까지 가고 말았다. 그 복잡하게 얽힌 관과 냉각탑들은 그 기원에 대해서는 거의 생각하지도 않고 차에 집어넣곤 하는 액체의 제조가 얼마나 복잡한 것인지 말해주고 있었다.

나는 N568번 도로로 돌아가는 길을 찾았다. 나는 그 길을 따라 라 크로의 밀이 자라는 평원을 가로질러 내륙으로 들어갔다. 예상보다 너무 일찍 도착했기 때문에 목적지에서 몇 킬로미터 떨어진 생-마르탱-드-크로 마을 외곽에 차를 세우고 엔진을 껐다. 내가 멈춘 곳은 올리브 숲의 가장자리였다. 나무들 속에 숨은 매미들이 내는 소리 외에는 고요했다. 숲 뒤에는 밀밭, 그 경계에는 한 줄로 늘어선 사이프러스, 그 우듬지들 위로 알피유 산의 들쭉날쭉한 산마루가 보였다. 하늘은 구름 한 점 없이 푸르렀다.

나는 주변을 훑어보았다. 특별히 찾는 것은 없었다. 맹수도, 별장도, 기억도. 내 동기는 단순하고 쾌락주의적이었다. 나는 아름다움을 찾고 있었다. "나를 즐겁게 해보아라, 나를 활기차게 해보아라." 이것이 내가 프로방스의 올리브 나무와 사이프러스와 하늘에 던지는 소리 없는 도전이었다. 매우 막연하면서도 허술한 요구였다. 내 눈은 이런 자유에 어리둥절했다. 그날 그 시간 전까지 이어졌던 구체적인 동기들—공항에서 출구를 찾고, 마르세유에서 빠져나오는 길을 찾는 등—이 사라지자 두 눈은 대상에서 대상으로 빠르게 이동하고 있었다. 만일 나의 눈이 이동한 경로를 거대한 연필로 추적한다면, 하늘은 곧 무작위적이고 침착하지 못한 무늬로 시커매졌을 것이다.

풍경은 추하지 않았지만, 몇 분 동안 정밀조사를 한 뒤에도 나는 사람들이 그 풍경에 흔히 가져다붙이는 매력은 발견할 수 없었다. 올리브 나무들은 지지러진 듯하여 숲보다는 덤불을 이루고 있는 것 같았다. 밀밭은 잉글랜드 남동부의 평평하고 단조로운 평야를 생각나게 했다. 그곳은 내가 어린 시절 학교에 다니며 불행을 느꼈던 곳이었다. 헛간, 언덕의 석회암, 한 무리의 사이프러스 발치에 자라는 양귀비까지 눈여겨볼 힘은 없었다.

르노 자동차의 플라스틱 실내가 점점 뜨거워지면서 따분하고 불편한 느낌도 강해졌다. 나는 목적지로 출발하여 주인들에게 이곳은 그야말로 천국이라고 인사를 했다.

우리는 눈이 차갑다거나 설탕이 달다고 느낄 때처럼 어떤 장소가 아름답다는 것도 즉시, 또 언뜻 보기에는 자연 발생적으로 느끼는 것 같다. 따라서 우리 어떻게 한다고 해서 그런 매력이 바뀌거나 커질 것이라는 상상은 하지 못한다. 아름다움에 대한 느낌은 어떤 장소 자체에 내재되어 있는 특질이 또는 우리 심리의 내부 회로가 결정하는 것 같다. 따라서 어떤 아이스크림이 특히 맛있다고 느끼는 것을 어쩔 수 없듯이, 아름답다고 느끼는 장소에 대한 감정도 바꿀 수 없다고 생각한다.

그러나 방금 비유로 이야기한 것들과는 달리 심미적인 취향은 그렇게 고정되어 있는 것이 아니다. 우리가 어떤 장소를 그냥 지나치는 것은 이렇다 할 자극이 없어서 그곳이 제대로 감상할 만한 가치가 있는 곳이라는 생각을 해보지 않았기 때문일 수도 있다. 또는 어떤 불행한, 그러나 뜬금없는 연상이 일어나 등을 돌리게 되었기 때문일 수도 있다. 따라서 우리와 올리브 나무의 관계도 그 잎의 은빛 광택이나 가지의 구조에 관심을 가지게 되면 달라질 수 있다. 밀이 바람결에 낟알이 가득한 머리를 숙일 때 이 연약하지만 핵심적인 작물의 페이소스에 관심을 가지게 되면, 밀을 둘러싼 새로운 연상이 형성될 수도 있다. 아주 서툰 표현으로라도 프로방스의 하늘에서 중요한 것이 파란색의 색조라는 이야기를 듣게 되면, 그 하늘에서 뭔가 눈여겨볼 만한 것을 발견할 수도 있다.

어쩌면 어떤 장면에서 찾아내야 할 것을 파악하는 감각을 기르는 가장 효과적인 방법은 시각 예술을 공부하는 것일지도 모른다. 많은 예술 작품들은 사실상 우리에게 "프로방스의 하늘을 보라, 밀을 다시 생각해보라, 올리브 나무를 제대로 평가하라"고 말해주는 아주 섬세한 도구들이라고 생각할 수 있다. 훌륭한 예술 작품이라면 밀밭에 있는 수백만 가지 요소들 중에서도 관객의 미감과 관심을 자극할 수 있는 중요한 특징을 그려낼 것이다. 이런 작품은 보통 대량의 정보 속에 파묻혀 사라져버리는 요소들을 전경에 내세워 그것을 도드라지게 만든다. 그리고 일단 그것이 눈에 익으면, 우리는 알게 모르게 그것에 자극을 받아 우리 주위의 세계에서도 그것을 발견하려고 노력하게 된다. 이미 발견했다면, 자신감을 가지고 우리 삶에서 그것들에 무게를 실어주게 된다. 어떤 새로운 단어를 여러 차례 들어도 눈치채지 못하다가, 그 의미를 아는 순간 비로소 그 단어를 듣게 되는 것과 같은 이치이다.

우리가 일단 아름다움을 찾아 여행을 떠나면, 예술 작품은 자잘한 방식으로 우리가 여행하고 싶은 곳에도 영향을 주게 된다.

2

빈센트 반 고흐는 1888년 2월 말에 프로방스에 왔다. 그의 나이 서른넷이었으며, 불과 8년 전에 그림을 시작했다. 그전에는 교사가 되려고 했으며, 사제가 되려고도 했으나 번번이 실패하고 말았다. 프로방스로 오기 전에는 2년 동안 파리에서 동생 테오와 함께 지냈다. 화상畵商이었던 테오는 형을 경제적으로 도와주었다. 고흐는 화가로서 훈련을 받은 적은 거의 없지만 폴 고갱과 앙리 드 툴루스-로트레크를 사귀어 클리시 대로에 있는 탕부랭 카페에서 그들의 작품과 함께 자신의 작품을 전시하기도 했다.

"그해 겨울 파리에서 아를로 오면서 얼마나 마음이 들떴는지 지금도 생생하게 기억이 난다." 반 고흐는 프로방스까지 16시간의 기차 여행을 그렇게 회고한다. 그는 올리브 거래와 철도 공사의 중심지로 당시 이 지역에서 가장 번창하는 도시였던 아를에 도착하자 눈(그날 예외적으로 눈이 25센티미터나 내렸다)

속에서 가방들을 끌고 북쪽 성벽에서 멀지 않은 자그마한 카렐 호텔로 갔다. 날씨는 궂고 방은 작았지만, 그는 남쪽으로 이사를 왔다는 사실 때문에 열광했다. 그는 누이에게 이렇게 말했다. "이곳의 생활은 다른 많은 점에서 약간 더 만족스러워."

반 고흐는 1889년 5월까지 아를에 머무는데, 그 15개월 동안 약 200점의 그림을 그리고, 100점의 스케치를 하고, 200통의 편지를 쓴다. 일반적으로 그의 전성기라고 합의가 이루어진 시기이다. 이 시기 가운데 가장 초기의 작품들은 눈이 덮인 아를, 맑고 파란 하늘, 얼어붙은 분홍색의 땅을 보여준다.

반 고흐가 이곳에 발을 디디고 나서 5주일이 지난 뒤에 봄이 왔다. 그는 시 외곽으로 나가 들판에서 꽃이 피어나는 나무를 유화 14점에 담았다. 5월 초에는 아를 남쪽 아를-부크 운하에 놓인 랑글루아 도개교跳開橋를 그렸다. 5월 말에는 알피유 산과 몽마주르 수도원 유적지가 내다보이는 라 크로 평야에서 본 풍경을 여러 점 그렸다. 또 반대편에서 본 풍경도 그렸다. 즉 수도원의 바위 덮인 비탈을 올라가 아를의 모습을 그린 것이다. 6월 중순에 이르자 그는 새로운 주제인 추수로 시선을 돌렸는데, 불과 2주일 만에 10점의 그림을 완성했다. 엄청난 속도였다. 그의 표현을 빌리면 이렇다. "빨리, 빨리, 빨리, 서둘러서. 타오르는 태양 밑에서 말없이 곡식을 거두는 일에만 열중하는 농사꾼처럼." 그는 이렇게 말하기도 했다. "나는 한낮에도 일하고, 햇빛을 잔뜩 받으면서도 일한다. 나는 매미처럼 즐거워한단다. 정말이지, 서른다섯이나 먹어서 이곳에 오는 것이 아니라 스물다섯에 이 땅을 알았다면 얼마나 좋았을까!"

나중에 반 고흐는 동생에게 파리에서 아를로 이사 온 이유를 두 가지 댔다. 첫째는 "남부를 그리고" 싶었고, 또 하나는 자신의 작품을 통해서 다른 사람들이 남부를 "보도록" 돕고 싶었기 때문이다. 그가 자신의 능력으로 그런 목적을 달성할 수 있을지에 대해서 의심을 품었을지는 몰라도, 이 기획이 이론적으로 가능하다는 믿음은 한번도 흔들리지 않았다. 즉 화가는 세상의 한 부분을 그릴 수 있고, 그 결과 다른 사람들이 그것에 눈을 뜨게 해줄 수 있다는 믿음이었다.

반 고흐가 예술이 사람의 눈을 뜨게 해준다고 이렇게 굳게 믿게 된 것은 그 자신이 관객으로서 이런 힘을 자주 경험했기 때문이다. 그는 자신의 고향 네덜란드에서 프랑스로 오면서 특히 문학에서 이런 힘을 강하게 느꼈다. 그는 발자크, 플로베르, 졸라, 모파상을 읽었으며, 이 작품들을 통해서 프랑스 사회와 심리의 역동성에 눈을 뜨게 된 것에 고마워했다. 그는 『보바리 부인』을 통해서 지방에서 사는 중간계급의 생활을 배웠으며, 『고리오 영감』을 통해서 파리의 가난하지만 야심만만한 학생들을 배웠다. 그는 이제 사회 전체에서 이런 소설의 등장인물들과 유사한 인물들을 알아보게 되었다.

마찬가지로 그림 역시 반 고흐의 눈을 뜨게 해주었다. 반 고흐는 그에게 어떤 독특한 색깔과 분위기를 보여준 화가들을 칭송하곤 했다. 예를 들면 벨라스케스는 그에게 회색을 볼 수 있는 지도를 주었다. 벨라스케스는 여러 점의 유화들로 이베리아의 수수한 실내를 묘사했다. 벽은 벽돌이나 침침한 석고였으며 더위를 막기 위해서 덧문을 닫아놓기 때문에 한낮에도 실내를 지배하는 색조는 바위 무덤 속 같은 회색이었다. 다만 이따금 덧문이 완전히 닫히지 않은 곳 또는 떨어져나간 부분을 통해서 들어온 밝은 노란색 빛줄기가 그 회색을 꿰뚫곤 했다. 그런 장면은 벨라스케스가 발명한 것이 아니었다. 벨라스케스 이전의 다른 많은 화가들도 그런 장면을 보았지만, 그것을 포착하여 타인에게 전달 가능한 경험으로 바꿀 수 있는 힘이나 재능을 가진 화가가 없었을 뿐이다. 적어도 반 고흐가 보기에 벨라스케스는 빛의 세계에서 새로운 대륙을 발견한 사람이나 다름없었다.

반 고흐는 아를 중심부의 작은 식당 여러 곳에서 식사를 했다. 이런 식당의 벽은 흔히 어두침침했고, 바깥의 밝은 햇빛을 막기 위해서 덧문을 닫아놓았다. 그는 어느 날 점심을 먹다가 동생에게 완전히 벨라스케스적인 장면과 마주쳤다고 말했다. "내가 앉아 있는 식당은 아주 묘해. 온통 회색이야……. 벨라스케스의 회색. 「실 잣는 여자들」에서처럼 말이야. 그리고 블라인드를 통해서 아주 좁고, 아주 강한 햇살이 들어와. 벨라스케스의 그림을 비스듬히 가로지르는 햇살처럼 말이야. 주방에는 노파와 기가 작고 뚱뚱한 하인이 있는데, 그 사람들이 입은 옷도 회색, 검은색, 흰색이야……. 완전히 벨라스케스야.”

반 고흐에게는 관객이 세상의 어떤 측면들을 좀더 분명하게 볼 수 있게 해주는 것이야말로 위대한 화가의 증표였다. 만일 벨라스케스가 회색과 몸집이 큰 요리사의 거친 얼굴로 반 고흐를 안내해주었다면, 모네는 석양으로 안내를 해주었고, 렘브란트는 아침의 빛으로 안내해주었으며, 페르메이르는 사춘기 소녀들에게로 안내해주었다(반 고흐는 원형경기장 근처에서 그의 작품 한 점을 보고 테오에게 감탄했다. “페르메이르는 완벽해”). 반 고흐는 심한 소나기가 내린 뒤 론 강 위의 하늘을 보면서 호쿠사이*를 떠올렸으며, 밀을 보고 밀레를 떠올렸고, 생-마리 드 라 메르의 젊은 여자들을 보면서 이탈리아 피렌체 화파의 화가 치마부에와 조토를 떠올렸다.

3

그럼에도 불구하고—반 고흐의 예술적 야망을 위해서는 다행스러운 일이었지만—그는 이전의 화가들이 프랑스 남부에서 볼

* 1760–1849, 일본의 대표적인 우키요에 화가. 그의 작품은 인상주의와 후기 인상주의 화가들에게 강렬한 인상을 심어주었다.

수 있는 모든 것을 포착했다고 생각하지는 않았다. 오히려 많은 사람들이 핵심을 완전히 놓쳤다는 것이 그의 생각이었다. "맙소사, 어떤 화가들이 그린 그림을 보았는데, 그 그림들은 제재를 전혀 옳게 대접하지 않았더군. 이 점에서는 내가 할 일이 많아."

예를 들면 아를에서 사는 중간계급의 중년 여인의 독특한 모습을 포착한 화가는 없었다. 이 점에 대해서 반 고흐는 이렇게 말했다. "어떤 여자들은 프라고나르를 닮았고, 어떤 여자들은 르누아르를 닮았다. 그러나 **이제까지 그림에서 그려졌던 것에 따라 분류를 할 수 없는** 다른 여자들도 있다"(강조는 필자). 화가들은 또 아를 외곽의 밭에서 일을 하는 농장 노동자들도 무시했다. "밀레가 우리의 정신을 다시 일깨운 덕분에, 우리는 자연 속에서 사는 사람들을 볼 수 있게 되었지. 그러나 지금까지 진정한 남부 프랑스인을 그린 사람은 없었다." 그는 설명을 덧붙인다. "우리 모두가 이제 농부를 보게 되었을까? 아니다. 아니다. 그것을 제대로 보게 해준 사람은 없어."

1888년 반 고흐를 맞이했던 프로방스는 이미 100여 년에 걸쳐 그림의 소재가 되어왔다. 프로방스 화가들 중에서도 프라고나르(1732–1806), 콩스탕탱(1756–1844), 비도(1758–1846), 그라네(1775–1849), 에기에(1814–1865) 등이 유명했다. 이들은 모두 사실주의 화가들이었으며, 자신의 임무가 시각 세계를 캔버스에 정확하게 옮겨놓는 것이라는 고전적인 관념, 즉 그때까지는 비교적 논란의 여지가 없었던 관념을 고수했다. 그들은 프로방스의 들과 산으로 나가 사이프러스, 나무, 풀, 밀, 구름, 황소를 알아볼 수 있게 그렸다.

그러나 반 고흐는 이들 대부분이 제재를 제대로 다루지 못했다고 주장했다. 그들이 프로방스를 사실적으로 묘사하지 못했다는 주장이었다. 우리는 세계의 주요한 요소들을 유능하게 전달하는 그림을 사실적이라고 부르기 쉽다. 그러나 세계는 매우 복잡하기 때문에 똑같은 시간에 똑같은 장소에서 그린 2점의 사실적 그림도 예술적 양식이나 화가의 기질에 따라서 서로 크게 달라 보일 수 있다. 사실주의 화가 두 사람이 똑같은 올리브 숲의 가장자리에 앉아 있다고 해도, 서로 매우 다른 스케치가 나올 수 있다는 것이다. 모든 사실주의적 그림은 현실 중에서 도드라지게 나타낼 특징을 선택한다. 전체를 완전히 포착하는 그림은 없다. 니체는 「사실주의 화가」라는 제목의 광시狂詩에서 조롱하는 목소리로 이렇게 말했다.

"자연에 완전히 진실하라!"—이런 거짓말이 어디 있는가.
자연을 어떻게 속박하여 그림 속에 집어넣을 수 있겠는가?
자연 가운데 아무리 작은 조각이라 하더라도 그것은 무한하다!
따라서 화가는 자연 가운데 자기가 좋아하는 것을 그린다.
화가는 무엇을 좋아하는가? 자신이 그릴 수 있는 것을 좋아한다!

우리가 관객으로서 어느 화가의 그림을 좋아한다면, 그것은 어떤 특정한 장면에서 우리가 가장 중요하다고 믿는 특징을 그 화가가 골라냈다고 판단하기 때문인지도 모른다. 화가가 어떤 장소를 규정할 만한 특징을 매우 예리하게 선별해냈다면, 우리는 그 풍경을 여행할 때 그 위대한 화가가 그곳에서 본 것을 떠올리기 마련이다.

반대로 예컨대 우리의 초상화가 "우리를 닮지" 않았다고 불평을 할 때, 우리는 화가가 속임수를 썼다고 비난하는 것이 아니다. 모든 예술 작품에서 이루어지기 마련인 선택이 이 특정한 경우에 잘못되었으며, 우리 스스로 우리의 핵심적인 자아에 속해 있다고 생각하는 부분이 정당한 대접을 받지 못했다고 이야기하는 것일 뿐이다. 따라서 수준이 낮은 예술은 보여줄 것과 생략할 것에 대한 일련의 수준 낮은 선택이라고 말할 수도 있을 것이다.

핵심적인 특징을 빠뜨렸다는 것이야말로 반 고흐가 그 이전에 프랑스 남부를 그린 화가들 대부분에게 못마땅하게 여긴 점이었다.

4

손님방에는 반 고흐에 대한 커다란 책이 놓여 있었다. 첫날 밤에 잠이 오지 않아 그 가운데 몇 장을 읽었고, 결국 불그스름한 새벽이 창문 한쪽 구석을 물들일 때쯤 책을 펼친 채 잠이 들고 말았다.

느즈막이 일어나 보니, 집주인들은 점심때쯤 돌아온다는 메모를 남기고 생-레미에 가고 없었다. 테라스의 금속 탁자에는 아침이 준비되어 있었다. 나는 죄책감에 젖어 초콜릿 빵을 빠른 속도로 잇따라 입속에 집어넣으면서, 내내 한쪽 눈으로는 가정부가 오지 않나 살폈다. 혹시나 가정부가 그녀의 고용주들에게 나의 식도락에 대해서 흉을 보지나 않을까 걱정이 되었기 때문이다.

맑은 날이었다. 미스트랄*이 불어오자 옆 들판의 밀 이삭들이 흔들리며 물결이 번지고 있었다. 전 날에도 나는 똑같은 자리에 앉아 있었다. 그러나 정원 끝에 커다란 사이프러스 두 그루가 서 있다는 것을 이제야 알아보았다. 그것은 어느 정도는 전날 밤 반 고흐가 그 나무를 그린 과정에 대한 글을 읽었기 때문에 가능한 발견이기도 했다. 그는 1888년과 1889년에 사이프러스를 여러 차례 스케치했다.

반 고흐는 동생에게 말했다. "사이프러스가 줄곧 내 생각을 사로잡고 있어. 지금까지 내가 본 방식으로 그린 사람이 하나

* 프랑스의 지중해 연안 지방에 부는 찬 북서풍.

도 없다는 것이 놀라워. 사이프러스는 그 선이나 비례에서 이집트의 오벨리스크만큼이나 아름다워. 그리고 그 녹색에는 아주 독특한 특질이 있어. 마치 해가 내리쬐는 풍경에 검정을 흩뿌려 놓은 것 같은데, 아주 흥미로운 검은 색조라고 할 수 있어. 정확하게 그려내기가 아주 어렵지."

사이프러스에서 반 고흐는 보았는데 다른 화가들은 보지 못한 것이 무엇일까? 한 가지는 사이프러스가 바람에 움직이는 방식이었다. 나는 정원 끝으로 걸어가, 몇몇 작품들(특히 1889년의 「사이프러스」와 「사이프러스가 있는 밀밭」)의 도움을 얻어 사이프러스가 미스트랄 속에서 독특하게 움직이는 모습을 살펴보았다.

이런 움직임에는 건축학적인 이유가 있었다. 우듬지로부터 아래를 향해 부드럽게 내려앉는 소나무 가지들과는 달리 사이프러스의 잎은 땅에서 위를 향해 밀고 올라간다. 더욱이 사이프러스의 줄기는 유난히 짧아, 위의 3분의 1은 완전히 가지로만 이루어져 있다. 떡갈나무는 바람이 불어도 가지는 흔들리지만 줄기는 꼼짝도 않는데 반해, 사이프러스는 줄기 자체가 구부러진다. 나아가 줄기의 둘레를 따라 수많은 곳에서 잎이 자라나기 때문에, 여러 축을 따라 휘는 것처럼 보이기 마련이다. 멀리서 보면 그 움직임에 동시성이 없기 때문에 마치 여러 각도에서 불어오는 몇 개의 바람을 따라 움직이는 것처럼 보인다. 사이

빈센트 반 고흐, 「사이프러스」, 1889년.

빈센트 반 고흐, 「사이프러스가 있는 밀밭」, 1889년.

프러스는 원뿔 모양이기 때문에(직경이 1미터가 넘는 경우가 드물다) 바람에 신경질적으로 퍼덕이는 불길을 닮았다. 반 고흐는 이 모든 것을 보았고, 또다른 사람들도 보게 해주려고 했다.

반 고흐가 프로방스에 머문 지 몇 년 뒤, 오스카 와일드는 휘슬러가 안개를 그리기 전에 런던에는 안개가 없었다는 말을 했다. 마찬가지로 반 고흐가 사이프러스를 그리기 전에 프로방스에는 사이프러스가 거의 눈에 띄지 않았다고 말할 수도 있다.

반 고흐가 없었다면 올리브 나무 역시 지금처럼 눈에 들어오지 않았을 것이다. 나는 전날 내 눈에 띄었던 올리브 숲을 땅딸막한 덤불로 치부해버렸다. 그러나 반 고흐는 「노란 하늘과 태양과 올리브 나무」와 「올리브 숲 : 오렌지 색 하늘」에서 올리브의 줄기와 잎의 모양을 도드라지게 끌어냈다(즉 전경으로 가져왔다).

나는 이제 올리브 나무에서 전에는 보지 못했던 각진 면들을 보게 되었다. 이 나무는 높은 곳에서 땅을 향해 던진 삼지창을 닮았다. 올리브 나무의 가지에는 마치 사람을 때리려고 구부린 팔처럼 억센 면이 있었다. 다른 많은 나무의 잎을 보면 벌거벗은 가지들로 이루어진 시렁 위에 쏟아놓은 시든 상추들이 생각나는 반면, 은빛의 팽팽한 올리브 잎에서는 에너지를 잔뜩 머금은 듯한 긴장감이 느껴졌다.

반 고흐의 그림을 본 뒤에는 프로방스의 색깔에도 뭔가 특이

한 것이 있다는 사실이 눈에 띄기 시작했다. 여기에는 기후와 관련된 이유도 있었다. 알프스 산맥으로부터 론 골짜기를 따라 불어오는 미스트랄은 때마다 하늘에서 구름과 습기를 씻어가고, 그 결과 흰색의 흔적이 보이지 않는 순수하고 풍부한 파란색만 남는다. 동시에 높은 지하수면과 훌륭한 관개시설 덕분에 지중해 기후 치고는 식물이 매우 무성하다. 이곳 식물은 물 부족으로 성장에 제약을 받지 않기 때문에 남부의 최고의 이점, 즉 빛과 열을 최대한 활용한다. 또 뜻밖에도, 공기 중에 습기가 없기 때문에, 프로방스에는 열대와 달리 나무, 꽃, 식물의 색깔을 축축하게 만들고 서로 뒤섞어버리는 뿌연 느낌이 없다. 따라서 구름 없는 하늘, 건조한 공기, 물, 무성한 잎들이 결합하여 생생한 대조를 이루는 원색들이 이 지역을 지배한다.

반 고흐 이전의 화가들은 이런 대조를 무시하고, 클로드와 푸생이 가르친 대로 서로 근접한 색들만 사용하는 경향이 있었다. 예를 들면 콩스탕탱과 비도는 옅은 파란색과 갈색의 미묘한 농담濃淡만을 이용해서 프로방스를 묘사했다. 반 고흐는 이런 식으로 풍경의 자연스러운 색채 배합을 무시한 것에 분개했다. "[화가들] 대다수는 색을 아는 사람이 아니기 때문에……남부의 노란색, 오렌지 색, 레몬 색을 보지 못한다. 그러면서도 자기들 눈과 다른 눈으로 보는 화가는 미쳤다고 말하지." 반 고흐는 농담의 배합 기술을 버리고, 캔버스에 원색을 듬뿍 발랐다.

빈센트 반 고흐, 「올리브 숲」, 1889년.

빨간색과 녹색, 노란색과 자주색, 파란색과 오렌지 색 등 늘 원색들의 대조가 극대화되는 방식으로 색을 배치했다. 그는 누이에게 편지를 보냈다. "이곳의 색깔은 미묘해. 녹색 잎이 싱싱할 때는 선명한 녹색이야. 북부에서는 보기 힘든 녹색이지. 잎이 타들어가고 먼지가 끼었을 때도 풍경은 아름다움을 잃지 않아. 그때는 또 다양한 색조의 황금빛이 깔리기 때문이지. 녹색을 띤 황금빛, 노란색을 띤 황금빛, 분홍색을 띤 황금빛……그리고 이 황금빛은 파란색과 결합되는데, 이 파란색은 또 물의 짙은 진보라색으로부터 물망초의 파란색, 코발트 색, 특별히 맑고 밝은 파란색에 이르기까지 아주 다채로워."

나의 눈도 조율이 되면서 주위에서 반 고흐의 캔버스를 지배했던 색깔들을 보게 되었다. 어디를 보나 대조를 이루는 원색이 보였다. 집 옆에는 보랏빛 라벤더 밭이 있었고, 그 옆에는 노란 밀밭이 있었다. 건물 지붕은 오렌지 색이었고, 그 뒤로 순수한 파란색 하늘이 펼쳐져 있었다. 녹색 초원에는 빨간 양귀비가 점점이 박혀 있었고, 가장자리에는 협죽도가 자라고 있었다.

프로방스는 낮에만 풍부한 빛깔을 보여주는 것이 아니었다. 반 고흐는 이것을 알고 밤에서도 색깔을 끌어냈다. 이전의 프로방스 화가들은 어두운 배경에 작고 하얀 점들이 떼를 지어 모여 있는 모습으로 밤하늘을 묘사했다. 그러나 집이나 가로등의 불빛으로부터 멀리 떨어진 프로방스의 맑은 밤하늘 밑에 앉아 있으면 하늘에 풍부한 빛깔들이 담겨 있다는 사실을 알 수 있다. 별들 사이에 짙은 파란색이나 자주색이나 아주 어두운 녹색이 보인다. 반면 별 자체는 옅은 노란색이나 오렌지 색이나 녹색이며, 자신의 좁은 범위 너머 멀리까지 둥그런 빛을 퍼뜨리고 있다.

반 고흐는 누이에게 설명했다. “밤은 낮보다 색깔이 훨씬 더 풍부해……잘 보면 어떤 별들은 레몬 빛 노란색이고, 어떤 별들은 분홍색, 또 녹색, 파란색, 물망초색으로 빛나기도 한다는 것을 알 수 있지. 내가 굳이 나서지 않는다 해도, 그냥 짙은 남색 표면 위에 하얀 점들만 찍어놓는 것으로는 불충분하다는 사실은 분명하잖아.”

5

아를의 관광 안내소는 도시 남서부의 눈에 띄지 않는 콘크리트 블록 속에 자리잡고 있다. 이곳에서는 방문객들에게 일반적인 것들을 제공하거나 안내한다. 공짜 지도, 호텔, 문화 축제, 보모, 포도주 시음회, 카누 타기, 유적지, 지역 시장. 그러나 한 가지는 특별히 강조한다. “빈센트 반 고흐의 땅에 오신 것을 환영합니다.” 해바라기가 그려진 포스터가 입구에서 그렇게 외치고 있다. 안으로 들어가자 벽은 추수 장면, 올리브 나무, 과수원으로 장식되어 있다.

안내소에서는 "반 고흐의 길"을 강력히 추천한다. 반 고흐는 1890년에 죽었는데, 그의 사망 100주기를 맞아 프로방스에서는 기념판을 만들어 그가 머물렀던 자취를 기리기로 하고, 그가 그림을 그렸던 장소들을 찾아 쇠막대나 석판에 기념판을 세우거나 붙여놓았다. 이 기념판에서는 관련된 작품의 사진과 설명도 몇 줄 볼 수 있다. 이런 기념판은 시내에서도 볼 수 있고, 주변의 밀밭이나 올리브 숲에서도 볼 수 있다. 뿐만 아니라 멀리 생-레미에서도 볼 수 있다. 반 고흐가 귀를 자른 사건이 있은 뒤에 생-레미의 메종 드 상테에서 프로방스 체류를 마감했기 때문이다.

나는 집주인들을 설득하여 오후에 그 길을 따라 나서기로 하고, 이를 위해서 관광 안내소에 들려 지도를 얻었다. 우리는 그곳에서 마침 일주일에 한 번씩 있는 가이드 투어가 바깥마당에서 곧 시작될 예정이며, 참가비만 조금 내면 우리도 참가할 수 있다는 것을 알게 되었다. 우리는 여남은 명의 다른 애호가들 무리에 합류하여, 먼저 안내자의 인도로 플라스 라마르트틴으로 갔다. 안내자는 자신의 이름이 소피이며, 파리의 소르본 대학에서 반 고흐에 대한 논문을 쓰고 있다고 말했다.

반 고흐는 1888년 5월 초 호텔 숙박비가 너무 비싸다고 생각하여, 플라스 라마르트틴 2번지의 '노란 집'이라는 별명을 가진 건물의 한편에 세를 얻었다. 그가 세낸 곳은 입구가 둘인 건물의 반쪽으로, 주인이 겉은 밝은 노란색으로 칠했지만 내부는 미완성인 채로 남겨둔 곳이었다. 반 고흐는 이 집의 내부를 꾸미는 일에 큰 흥미를 느끼게 되었다. 그는 그곳이 단단하고 단순한 느낌을 주기를 바랐으며, 빨간색, 녹색, 파란색, 오렌지 색, 유황색, 라일락 색 등 남부의 색깔로 칠을 하고 싶어했다. 그는 동생에게 말했다. "나는 이곳을 정말로 **화가의 집**으로 만들고 싶어. **귀중품**은 하나도 없지만, 의자에서 그림에 이르기까지 모든 것이 저마다 특색을 가졌으면 좋겠어. 침대는 시골 사람들이 쓰는 것으로 샀어. 쇠 침대가 아니고 커다란 2인용 침대 말이야. 그것이 있으니까 견고하고 지속적이고 고요한 분위기가 살아나." 내부 정리가 끝나자 그는 의기양양해서 누이에게 말했다. "여기 우리 집 외벽은 신선한 버터 빛깔 노란색으로 칠해놓았어. 셔터는 번쩍거리는 녹색이지. 이 집은 광장의 한 자리를 차지하고 있는데 광장은 햇빛을 온몸으로 받는 곳이야. 광장에는 플라타너스, 협죽도, 아카시아가 자라는 녹색 정원이 있지. 집 안에는 온통 회반죽을 발랐고, 바닥에는 빨간 벽돌을 깔아놓았어. 집 위로는 강렬한 파란색 하늘이지. 이 집에서 나는 살아 숨 쉬고, 명상하고 그림을 그릴 수 있어."

안타깝게도 소피는 우리에게 보여줄 수 있는 것이 거의 없었다. 노란 집은 제2차 세계대전 중에 파괴되었고, 그후 그 자리

빈센트 반 고흐, 「아를의 노란 집」, 1888년.

에 유스호스텔이 들어섰기 때문이다. 그나마 그 옆에 올라선 거대한 모노프리 슈퍼마켓 때문에 난쟁이처럼 보인다. 우리는 차를 타고 생-레미로 가서, 반 고흐가 살고 그림도 그렸던 정신병원 근처의 들판에서 1시간 이상을 보냈다. 소피는 프로방스를 그린 주요한 그림들을 수록한, 비닐 코팅을 한 커다란 책을 들고 다니다가 반 고흐가 작업을 했던 곳에서는 그곳에서 그린 그림을 높이 쳐들었으며, 우리는 그것을 보기 위해서 주위에 모여들곤 했다. 한번은 알피유 산맥을 등지고 「알피유 산맥을 배경으로 한 올리브 나무들」(1889년 6월)을 들어올린 덕분에, 우리는 눈앞에 보이는 광경과 반 고흐가 그것을 그린 그림을 동시에 감상할 수 있었다.

그러나 우리 중에서 이의를 제기하는 사람이 있었다. 내 옆에는 커다란 모자를 쓴 오스트레일리아 남자가 있었는데, 그는 함께 온 부수수한 머리의 자그마한 여자에게 말했다. "글쎄, 별로 비슷해 보이지 않는데."

반 고흐 자신도 그런 비난과 마주칠지도 모른다는 걱정을 했다. 그는 누이에게 쓴 편지에서 자신의 작품에 대해서 "'이건 정말 너무 이상해 보인다'고 말하는 사람들이 이미 많고, 완전 얼치기에 몹시 역겨운 물건이라고 생각하는 사람들도 있다"고 썼다. 그런 의견들이 나온 이유는 짐작하기 어렵지 않다. 그가 그린 집의 벽은 직선이 아니었다. 해는 노란색이 아니고, 풀은 녹색이 아니었다. 그가 그린 나무들은 움직임이 과장되었다는 느낌이 들었다. “내가 색채의 진실성을 좀 어지럽혀놓기는 했지.” 그는 그렇게 말했지만, 색채만이 아니라 비례, 선, 그림자, 색조도 어지럽혔다.

그러나 반 고흐는 그런 혼란을 통해서 모든 화가가 거치는 과정을 좀더 명백하게 드러냈을 뿐이다. 즉 현실의 어떤 측면을 작품에 포함시키고 어떤 측면을 배제할지를 선택하는 과정이다. 니체가 알고 있었듯이, 현실 자체는 무한하며 절대 예술로 전부를 나타낼 수가 없다. 반 고흐가 프로방스 화가들 중에서도 독특했던 것은 그가 중요하다고 느껴서 선택했던 것이 독특했기 때문이다. 콩스탕탱과 같은 화가들은 축척을 정확하게 맞추는 데에 많은 노력을 기울였지만, 반 고흐는 “닮은꼴”을 만들어내는 일에 열정적인 관심을 가지면서도, 궁극적으로 남부에서 중요한 것을 전달하는 것이 축척을 걱정해서 될 일은 아니라고 생각했다. 그가 동생에게 조롱하듯이 말했듯이, 그의 예술은 “경건한 사진작가들의 생산물들과는 다른 닮은꼴”을 낳게 될 터였다. 현실 가운데 그가 관심을 가지는 부분 때문에 가끔 왜곡, 생략, 색깔의 대체가 이루어지기는 했지만, 그가 여전히 관심을 가지는 것은 현실—“닮은꼴”—이었다. 그는 더 깊은 사실주의를 성취하기 위해서 소박한 사실주의를 희생시키려고 했다. 사건을 묘사하는 데에는 저널리스트보다 사실적이지 않지만, 그럼에도 저널리스트의 꼼꼼한 모눈종이 위에서는 찾을 수 없는 진실을 드러내는 시인과 마찬가지였던 셈이다.

반 고흐는 1888년 9월 동생에게 계획 중인 초상화에 대해서 이야기하면서 이런 생각을 자세히 밝혔다. “나 자신을 강력하게 표현하기 위해 눈앞에 보이는 것을 정확하게 재현하려고 하는 대신 색깔을 좀더 자의적으로 사용해보려고 해……. 예를 들어 설명을 해볼게. 나는 친구 예술가의 초상화[1888년 9월 초에 그린 「시인」이라는 초상화이다]를 그리고 싶어. 그 친구는 위대한 꿈을 꾸는 사람이고, 나이팅게일이 노래를 하듯이 창작을 하는 사람이지. 그것이 그 사람의 천성이기 때문이야. 머리는 금발이 될 거야. 나는 그림 속에 그 사람에 대한 나의 고마움, 나의 사랑을 집어넣고 싶어. 우선 그 사람을 있는 그대로, 가능한 한 충실하게 그릴 거야. 하지만 그림은 아직 끝나지 않았어. 이 그림을 완성하기 위해 나는 자의적으로 색채를 다루는 사람이 될 거야. 나는 그 사람의 금발을 강조할 생각이야. 심지어 오렌지 색조, 크롬 색이나 밝은 레몬 빛 노란색으로까지 가려고 해. 머리 뒤에는 초라한 방의 보통 벽을 그리는 대신 무한을 칠할 거야. 내가 만들어낼 수 있는 가장 풍부하고, 가장 강렬한 파란색으로 아무런 무늬 없이 배경을 깔아버릴 거야. 이렇게 환한 머리와 풍부한 파란색 배경을 단순하게 결합하여 신비한 효과를 얻어낼 거야. 짙푸른 하늘에 걸려 있는 별을 보는 느낌이 들도

Promenade sur les lieux peints par Van Gogh

록……오, 맙소사……. 고상한 사람들은 이런 과장이 만화 같다고 생각하겠지"[강조는 필자].

몇 주일 뒤에 반 고흐는 또 하나의 "만화"를 그리기 시작했다. 그는 동생에게 말했다. "오늘밤에는 내가 식사를 하는 카페의 실내를 그리기 시작할 것 같아. 저녁에 가스등에 비친 실내 말이야. 이 카페는 심야 카페café de nuit—여기에서는 아주 흔해—라고 부르는데, 밤새 문을 열어두는 곳이야. 밤에 배회하다가 숙박비를 낼 돈이 없거나 너무 취해서 꼼짝도 못할 경우에는 이곳에 와서 쉴 수가 있지." 이 그림은 「아를의 심야 카페」라는 작품이 되는데, 반 고흐는 여기에서 "현실"의 어떤 요소들을 위해서 다른 요소들에 대한 집착을 버렸다. 그는 카페의 원근감이나 색채 배합을 그대로 재현하지 않았다. 그가 그린 전구는 빛을 발하는 버섯으로 변했고, 의자의 등은 활 모양으로 구부러졌으며, 바닥은 휘어졌다. 그럼에도 그가 관심을 가지는 것은 이 장소에 대한 진실한 관념들을 표현하는 것이었다. 고전적인 예술 규칙을 따른다면 그것을 제대로 표현할 수 없다는 것이 반 고흐의 생각이었다.

6

우리 그룹에서 오스트레일리아 남자의 불평은 예외적인 것이

반 고흐의 길, 생-레미-드-프로방스.

었다. 나머지 사람들은 소피의 강의를 듣고 나서 새삼 반 고흐와 그가 그린 풍경을 숭배하게 되었다. 그러나 나 자신은 반 고흐가 남부를 여행하기 수백 년 전에 쓰인 파스칼의 매우 신랄한 경구가 기억나는 바람에 뜨거운 마음이 상당히 식어버렸다. "원래의 모습에는 감탄하지 않으면서 그것을 닮게 그린 그림에는 감탄하니, 그림이란 얼마나 허망한가"(『팡세』, 단장 40).

나는 반 고흐의 작품에 묘사된 모습을 살피기 전에는 프로방스에 별로 감탄하지 않았다. 그것은 불편하지만 사실이었다. 그러나 파스칼의 경구는 예술 애호가들을 조롱하고자 하는 마음에 두 가지 중요한 점을 피해갈 위험에 빠져 있다. 만일 화가가 눈앞에 있는 것을 있는 그대로 재현하는 것에 불과하다면, 우리가 알고는 있지만 좋아하지 않는 장소를 묘사한 그림에 감탄하는 것이 엉뚱한 짓이고 허세라고 말할 수 있을지도 모른다. 만일 그렇다면, 우리가 그림에서 감탄할 수 있는 것은 대상을 재현해낸 기술적 솜씨와 화가의 찬란한 이름뿐일 것이다. 그럴 경우에는 그림이 허망한 짓이라는 파스칼의 말에 어렵지 않게 동의할 수 있을 것이다. 그러나 니체가 알고 있었듯이, 화가는 단지 재현만 하는 것이 아니다. 화가는 선택을 하고 강조를 한다. 화가는 그들이 그려낸 현실의 모습이 현실의 귀중한 특징들을 살려내고 있을 때에만 진정한 찬사를 받는다.

나아가서 파스칼이 암시한 것과는 달리, 우리가 감탄했던 그림이 시야에서 사라진다고 해서 그 그림에서 묘사한 장소에 대한 관심이 다시 사라지는 것은 아니다. 아름다움을 감상하는 능력은 예술에서 현실 세계로 옮겨질 수 있다. 처음에는 캔버스 위에서 우리를 즐겁게 하는 것들을 발견하지만, 나중에는 캔버스가 그려진 장소에서 그런 요소들을 환영하게 된다. 반 고흐의 그림들 너머에서 사이프러스를 계속 볼 수 있는 것이다.

7

예술 작품으로 표현되었기 때문에 감상을 하고 탐사를 하고 싶어진 곳은 프로방스만이 아니었다. 나는 빔 벤데르스의 영화 「도시의 앨리스」 때문에 독일의 산업지대를 찾아가보기도 했다. 안드레아스 구르스키의 사진을 보고 난 뒤에는 고가도로 밑을 살피는 버릇이 생겼다. 패트릭 케일러의 다큐멘터리 「우주의 로빈슨」을 본 뒤에는 잉글랜드 남부의 공장, 쇼핑몰, 공업단지 주변에서 휴일을 보내기도 했다.

아를의 관광 안내소는 위대한 화가의 눈을 통해서 어떤 풍경을 보고 나면 그 풍경이 더 매력적으로 다가올 수 있다는 사실을 인식하고, 예술과 여행의 욕망 사이의 오래된 관계를 활용하고 있을 뿐이다. 이 두 가지의 연결은 관광의 역사 전체에 걸쳐 여러 나라에서 (또 여러 예술 분야에서) 분명하게 나타났다.

그 가운데서 가장 주목할 만한 최초의 예는 18세기 후반에 영국에서 나타났다.

역사가들은 18세기 이전만 하더라도 잉글랜드, 스코틀랜드, 웨일스의 넓은 시골을 감상하는 사람은 없었다고 주장한다. 나중에 자연스럽게 그리고 논란의 여지없이 아름답다고 인정받게 된 장소들—와이 강 유역, 스코틀랜드의 고원, 레이크 디스트릭트—은 수백 년 동안 무시되었고, 심지어 경멸을 당하기까지 했다. 예를 들면 대니얼 디포는 1720년대에 레이크 디스트릭트를 "황량하고 무시무시하다"고 묘사했다. 존슨 박사는『스코틀랜드 서부 여행기』에서 스코틀랜드의 고원이 "거칠고", 처량할 정도로 "식물 장식"이 없으며, "가망 없는 황량함만 넓게 뻗어 있다"고 썼다. 영국의 작가 보즈웰이 글렌실에서 산이 상당히 높다는 말로 그를 즐겁게 해주려고 했으나 존슨은 짜증스러운 목소리로 쏘아붙였다. "아니야, 저건 그저 큼지막한 돌기일 뿐이지."

당시 여행을 할 여유가 있는 사람들은 해외로 갔다. 이탈리아, 그중에서도 로마, 나폴리와 그 주변 시골이 가장 인기 있는 목적지였다. 이런 장소들이 영국 귀족이 가장 애호하던 예술 작품—고대 로마의 시인 베르길리우스와 호라티우스의 시나 푸생과 클로드의 그림—에서 두드러지게 등장하는 것은 우연의 일치가 아닐 것이다. 화가들은 로마의 근교 시골이나 나폴리의 해안을 그렸다. 시간은 가장자리가 분홍색이나 황금색으로 물든 양털 구름들이 머리 위에 떠다니는 새벽이나 어스름인 경우가 많았다. 사람들은 그 그림을 보고 아주 더운 날이 될 것이라고, 또는 아주 더운 날이었을 것이라고 상상했다. 대기는 고요하다. 시원한 시냇물 소리 또는 호수를 가르며 노를 젓는 소리만 정적을 깰 뿐이다. 여자 목자 몇 명이 들판에서 뛰어놀거나, 양 떼를 돌보거나, 금발의 아이와 놀고 있다. 많은 사람들이 비 오는 날 영국의 시골집에서 그런 장면을 물끄러미 바라보며, 기회가 닿는 대로 영불해협을 건너가겠다는 꿈을 꾸었을 것이다. 조지프 애디슨은 1712년에 이렇게 말했다. "우리는 자연의 작품이 예술 작품을 닮을수록 더욱더 기쁨을 느낀다."

영국의 자연 작품들로서는 불행한 일이었지만, 오랫동안 그 작품들을 닮은 예술 작품은 거의 나오지 않았다. 그러나 18세기에 이런 빈약한 상태는 서서히 극복되었고, 또 신비하게도 이와 때를 맞추어 자신의 섬들을 여행하는 것을 꺼리던 영국인들의 태도 역시 극복되었다. 1727년 시인 제임스 톰슨은 잉글랜드 남부의 농촌 생활과 풍경을 예찬하는 『사계』를 발표했다. 이 시가 성공을 거두면서 스티븐 덕, 로버트 번즈, 존 클레어 등 다른 "농경 시인"의 작품도 각광을 받게 되었다. 영국 화가들 역시 자신의 나라를 생각하기 시작했다. 영국의 정치가 셸

번 경은 토머스 게인즈버러와 조지 배릿에게 윌트셔에 있는 자신의 집 보우드에 걸 풍경화들을 그려달라고 위촉하면서, 자신의 의도가 "영국 풍경화파의 기초를 놓는 것"이라고 밝혔다. 리처드 윌슨은 트위크넘 근처에서 템스 강을 그렸고, 토머스 헌은 구드리치 성을 묘사했으며, 필립 드 루테르부르는 틴턴 사원을 그렸고, 토머스 스미스는 더웬트워터와 윈더미어를 화폭에 담았다.

상황이 이렇게 되자 영국 제도를 여행하려는 사람들이 폭발적으로 쏟아져 나왔다. 처음으로 와이 강 유역이 관광객으로 가득 찼다. 웨일스 북부 산악지대, 레이크 디스트릭트, 스코틀랜드의 고원도 마찬가지였다. 우리가 사는 세상의 모퉁이는 예술가들이 그려주거나 글로 써준 후에만 돌아보게 된다는 주장을 완벽하게 확인시켜주는 것처럼 보인다.

이 주장은 물론 신랄한 과장이다. 휘슬러 이전에는 아무도 런던의 안개에 관심을 기울이지 않았고, 반 고흐 이전에는 아무도 프로방스의 사이프러스에 관심을 기울이지 않았다는 주장만큼이나 신랄하다. 사실 예술 혼자서는 열광적인 분위기를 만들어낼 수 없다. 또 예술은 예술가들에게만 있는 독특한 정서에서 생기는 것도 아니다. 예술은 단지 열광에 기여하고, 우리가 이전에는 모호하게만 또는 성급하게만 경험한 감정들을 좀더 의식하도록 안내할 뿐이다.

빈센트 반 고흐, 「아를 근처 밀밭의 일몰」, 1888년.

그러나 이것만으로도 우리가 내년에 여행할 곳을 선택하는 데에 영향을 줄 수 있다. 그리고 이 점을 아를의 관광 안내소도 잘 알고 있는 것 같았다.

VIII

아름다움의 소유에 대하여

레이크 디스트릭트 마드리드

장소 암스테르담 바베이도스 런던 독랜즈

안내자 존 러스킨

1

가본 적은 있지만 제대로 보지 않았던 곳 또는 무관심하게 지나친 곳들 가운데 어떤 곳들이 가끔 눈에 번쩍 띄면서 우리를 압도하거나 관심을 가지지 않을 수 없게 만드는 경우가 있다. 그런 곳들은 서툴게나마 아름다움이라고 부를 수 있는 특질을 소유하고 있다. 이런 곳은 예쁘지도 않고, 안내 책자에서 아름다운 곳을 설명할 때 흔히 꼽는 분명한 특징 같은 것도 없다. 우리가 여기서 아름답다고 말하는 것은 우리가 그 장소를 좋아한다고 말하는 또 하나의 방법일지도 모른다.

나는 여행을 하면서 많은 아름다움을 만났다. 마드리드에서 경험한 일이다. 호텔에서 몇 블록 떨어진 곳에 공터가 하나 있었다. 공터의 한쪽 경계는 아파트 건물들이었고, 다른 한쪽 경계는 세차장이 딸린 오렌지 색깔의 커다란 주유소였다. 어느 날 저녁 객실은 거의 텅 빈 길고 늘씬한 열차가 어둠을 뚫고 주유소 지붕 몇 미터 위를 지나갔다. 열차는 아파트 건물 중간층 정도의 높이에서 건물들 사이를 구불구불 헤쳐나갔다. 고가철도는 어둠에 잠겨 보이지 않았기 때문에, 마치 열차가 공중에 둥둥 떠 있는 것 같았다. 열차의 미래 지향적인 생김새와 차창 밖으로 번지는 흐릿하고 연한 녹색 불빛 때문에, 테크놀로지의 힘으로 열차가 그렇게 공중에 뜨는 것이 불가능한 일은 아니라는 생각까지 들었다.

아파트 안에서 사람들은 텔레비전을 보거나 부엌을 돌아다니고 있었다. 열차 안의 많지 않은 승객들은 뿔뿔이 흩어져 바깥의 도시를 물끄러미 바라보거나 신문을 읽고 있었다. 세비야나 코르도바를 향한 그 여행은 식기세척기가 다 돌아가고 텔레비전이 잠잠해지고 나서도 한참이 지나야 끝이 날 터였다. 승객과 아파트 거주자들은 서로에게 거의 관심을 가지지 않았다. 그들의 삶은 서로 만나지 않는 평행선을 달리고 있었다. 궁상맞은 호텔을 피하고 싶어 산책에 나선 관찰자의 망막에서만 짧은 순간 만났을 뿐이다.

암스테르담에서는 나무 문 뒤편의 마당에서 낡은 벽돌 벽을 하나 발견했다. 운하를 따라 눈물이 찔끔 나올 것 같은 바람이 불었음에도, 이 벽은 초봄의 빈약한 햇볕으로 자기 몸의 온기를 조금씩 늘려갔다. 나는 호주머니에서 손을 꺼내 벽돌의 꺼칠꺼칠하고 울퉁불퉁한 표면을 어루만져보았다. 가벼워서 당장이라도 무너질 것 같았다. 나는 갑자기 그 벽돌들에게 입을 맞추고픈 충동을 느꼈다. 부석浮石 조각이나 레바논 식품점의 할바 사탕을 연상시키는 그 질감을 좀더 가깝게 느껴보고 싶었기 때문이다.

바베이도스 동해안에서는 아프리카 해안까지 거칠 것 없이 뻗어 있는 짙은 보라색 바다를 내다보았다. 갑자기 섬이 작고 약해 보였다. 꾸민 듯한 느낌을 주던 분홍색 야생화들과 텁수룩해 보이던 나무들이 바다의 맨송맨송한 단조로움에 대한 감동적인 저항으로 느껴졌다. 레이크 디스트릭트에서는 모텔 맨 여인숙 창 밖으로 동이 트는 것을 보았다. 실루리아 기紀의 부드러운 바위 위에는 가느다란 녹색 풀이 덮여 있었고, 바위들을 짊어진 낮은 산 위에는 안개가 깔려 있었다. 산은 누워 잠든 거대한 짐승의 등뼈처럼 굽이치고 있었다. 이 짐승은 언제라도 잠을 깨고 몇 킬로미터의 높이로 벌떡 일어나, 녹색 펠트 재킷에 묻은 보풀을 털어내듯이 떡갈나무와 산울타리를 털어낼 것 같았다.

2

아름다움을 만나면 그것을 붙들고, 소유하고, 삶 속에서 거기에 무게를 부여하고 싶다는 강한 충동을 느끼게 된다. "왔노라, 보았노라, 의미가 있었노라"라고 외치고 싶어진다.

그러나 아름다움은 손에 잘 잡히지 않는다. 우리가 결코 돌아갈 수 없을지도 모르는 곳에서만 자주 나타나거나, 계절과 빛과 날씨가 보기 드물게 조화를 이룬 결과로 나타나곤 한다. 그렇다면 그것을 어떻게 소유할 것인가? 어떻게 공중에 뜬 열차를, 할바 사탕처럼 생긴 벽돌을, 잉글랜드의 골짜기를 붙들 것인가?

카메라가 하나의 방법이다. 사진을 찍으면 어떤 장소의 아름다움을 보고 촉발된 근질근질한 소유욕을 어느 정도 달랠 수 있다. 귀중한 장면을 잃어버릴 것이라는 불안은 셔터를 누를 때마다 줄어든다. 아니면 아예 우리 자신을 물리적으로 아름다운 장소에 박아놓을 수도 있다. 우리 자신이 그 장소 안에 좀더 확실하게 존재한다면, 그 장소도 우리 안에 좀더 확실하게 존재할 수 있을지도 모르니까. 알렉산드리아의 폼페이우스의 기둥 앞에 서서, 플로베르가 말하던 선더랜드의 톰슨의 예를 따라 화강암에 우리의 이름을 새겨볼 수도 있다("그 기둥을 보면 톰슨의 이름을 볼 수밖에 없으며, 결국 톰슨을 생각하지 않을 수 없다. 이 크레틴 병자 같은 인간은 그렇게 해서 그 기념물의 일부가 되어, 그 기둥과 더불어 불멸의 존재가 되었다……. 우둔한 사람들은 대체로 선더랜드의 톰슨과 비슷하다"). 좀더 온건한 방법은 떠나는 연인의 머리카락을 얻듯이, 잃어버린 것을 기억나게 해주는 뭔가—그릇이나, 칠기 상자나, 샌들—를 사는 것이다(플로베르는 카이로에서 양탄자 세 장을 손에 넣었다).

3

존 러스킨은 1819년 2월 런던에서 났다. 어떤 장소의 아름다움을 소유할 수 있는 방법을 모색하는 것이 그의 작업의 핵심이었다.

그는 어린 시절부터 시각적인 세계의 아주 작은 특징에도 유난히 민감했다. 다음은 그가 서너 살 무렵에 있었던 일이다. "나는 양탄자의 사각형들을 손가락으로 따라가고 색깔들을 비교하면서 며칠이고 즐겁게 보냈다. 또 마룻바닥의 옹이를 살피고, 맞은편 집의 벽돌 숫자를 헤아리면서 한동안 환희에 젖어 있곤 했다." 러스킨의 부모는 이런 감수성을 장려했다. 그의 어머니는 그를 자연으로 안내했고, 부유한 셰리주* 수입업자였던 아버지는 차를 마시고 나면 아들에게 고전을 읽어주고 토요일마다 박물관에 데려갔다. 여름 휴가철이면 이들 가족은 영국 제도와 유럽 본토를 여행했다. 단지 쉬고 노는 것이 아니라 아름다움을 찾아 돌아다녔다. 그 당시 아름다움이라고 하면 주로 알프스 산맥의 아름다움과 프랑스 북부와 이탈리아의 중세 도시, 특히 아미앵과 베네치아의 아름다움이었다. 그들은 마차를 타고 천천히 여행했다. 하루에 40킬로미터 이상을 가지 않았고, 몇 킬로미터마다 멈춰서 풍경을 감상했다. 이것은 러스킨의 평생에 걸친 여행 방법이 되었다.

러스킨은 아름다움과 그 소유에 대한 관심을 통해서 다섯 가지 핵심적인 결론에 이르렀다. 첫째, 아름다움은 심리적인 동시에 시각적으로 정신에 영향을 주는 수많은 복잡한 요인들의 결

---

* 남부 스페인산 백포도주.

과물이다. 둘째, 사람에게는 아름다움에 반응하고 그것을 소유하고 싶어하는 타고난 성향이 있다. 셋째, 이런 소유에 대한 욕망에는 저급한 표현들이 많다(앞서 보았듯이, 기념품이나 양탄자를 산다거나, 자기 이름을 기둥에 새긴다거나, 사진을 찍는 등의 행위를 포함하여). 넷째, 아름다움을 제대로 소유하는 방법은 하나뿐이며, 그것은 아름다움을 이해하고, 스스로 아름다움의 원인이 되는 (심리적이고 시각적인) 요인들을 의식하는 것이다. 마지막으로 이런 의식적인 이해를 추구하는 가장 효과적인 방법은 자신에게 그런 재능이 있느냐 없느냐에 관계없이, 그것에 관해 쓰거나 그것을 그림으로써 예술을 통해서 아름다운 장소들을 묘사하는 것이다.

4

1856년에서 1860년 사이에 러스킨의 일차적인 지적 관심은 사람들에게 데생 방법을 가르치는 것이었다. 러스킨은 말했다. "인류에게 글쓰기 기술보다 현실적으로 더 중요하며 글쓰기와 마찬가지로 모든 아이들에게 반드시 가르쳐야만 하는 데생 기술은 지금까지 워낙 무시되고 남용되었기 때문에, 그 첫 번째 원칙을 아는 사람이 심지어 그것을 직업으로 하는 교사 중에도 천 명에 한 명 있을까 말까 한다."

러스킨은 이런 상황을 개선하기 위해서 『데생의 기초』(1857)와 『원근법의 기초』(1859)라는 책을 쓰고, 런던의 근로자 대학에서 일련의 강연을 했다. 그는 이곳에서 학생들—주로 런던의 장인匠人들이었다—에게 명암, 채색, 크기, 원근, 구성의 기법을 가르쳤다. 강연을 듣는 학생들은 아주 많았다. 두 책은 비평과 판매 양쪽에서 성공을 거두어, 데생이 소수의 전유물이 되어서는 안 된다는 러스킨의 견해를 확인해주었다. "누구나 원하기만 하면 데생을 배울 수 있는 만족스럽고 유용한 능력이 있다. 거의 모든 사람이 프랑스어, 라틴어, 산수를 상당히 쓸모 있는 수준까지 배울 수 있는 것이나 마찬가지이다."

데생의 목적은 무엇인가? 러스킨은 그것이 데생을 잘하는 것이나 화가가 되는 것과는 아무런 관계가 없는 일이라고 강조하면서, 그것이 자신의 생각과 모순된다고 생각하지 않았다. "하마가 하마로 태어나듯이 어떤 사람은 화가로 태어난다. 자신을 기린으로 만들 수 없듯이 자신을 화가로 만들 수도 없다." 이스트엔드*의 학생들이 화랑에 내걸 만한 것을 그릴 수 없어 그의 강의실을 떠나도 그는 상관하지 않았다. "나는 목수를 화가로 만들려고 노력하는 것이 아니라, 목수로서 더 행복하게 살게 하려고 노력하는 것이다." 그는 1857년 왕립 위원회에서 데생에

* 런던 동부의 근로자들이 많이 사는 지역.

관해서 그렇게 말했다. 러스킨은 자기 자신이 재능 있는 화가와는 거리가 멀다고 설명했다. 그는 자신의 유년 시절 데생 솜씨를 스스로 조롱했다. "나는 평생 아이들의 작품 가운데 이렇게 독창성이 없고, 이해력이 떨어지는 작품은 본 적이 없다. 나는 말 그대로 아무것도 데생할 수 없었다. 고양이도, 쥐도, 배도, 빗자루도."

러스킨의 생각에 따르면, 아무런 재능이 없는 사람도 데생을 연습할 만한 가치가 있는 것은 그것이 우리에게 보는 법을 가르쳐주기 때문이었다. 즉 그냥 눈만 뜨고 있는 것이 아니라 살피게 해준다는 것이다. 눈앞에 놓인 것을 우리의 손으로 재창조하는 과정에서 우리는 아름다움을 느슨하게 관찰하는 데서부터 자연스럽게 발전하여 그 구성요소들에 대한 깊은 이해를 얻게 되고, 따라서 그것에 대한 좀더 확고한 기억을 가지게 된다.

한 장인은 강의를 끝내면서 러스킨이 자신을 포함한 학생들에게 이렇게 말했다고 전한다. "자, 여러분, 나는 여러분에게 데생을 가르치려고 한 것이 아니라, 단지 보는 법을 가르치려고 했다는 것을 잊지 마십시오. 두 사람이 클레어 시장을 걸어 들어간다고 해봅시다. 둘 가운데 하나는 반대편으로 나왔을 때도 들어갔을 때보다 나아진 것이 없습니다. 하지만 다른 한 사람은 버터 파는 여자의 바구니 가장자리에 파슬리 한 조각이 걸려 있는 것을 보고, 그 아름다움의 이미지들을 간직하고 나왔습니다. 그는 일상적인 일을 하는 과정에서 오랫동안 그 이미지들을 자신의 일에 빈영시킬 것입니다. 나는 여러분이 그와 같은 것을 보기를 바랍니다."

러스킨은 사람들이 디테일을 그냥 지나치는 경우가 많다는 사실 때문에 고민했다. 그는 근대 여행자들, 특히 기차를 타고 일주일에 유럽을 다 둘러본다(영국의 여행 사업가인 토머스 쿡이 1862년에 처음 제공한 여행 일정이다)고 자랑하는 사람들의 맹목과 성급함을 개탄했다. "한군데 가만히 앉아 시속 150킬로미터로 달린다고 해서 우리가 조금이라도 더 튼튼해지거나, 행복해지거나, 지혜로워지는 것은 아니다. 사람이 아무리 느리게 걸으면서 본다고 해도, 세상에는 늘 사람이 볼 수 있는 것보다 더 많은 것이 있다. 빨리 간다고 해서 더 잘 보는 것은 아니다. 진정으로 귀중한 것은 생각하고 보는 것이지 속도가 아니다. 총알에게는 빨리 움직이는 것이 도움이 되지 않는다. 그리고 사람에게는—그가 진정한 사람이라면—느리게 움직이는 것이 해가 되지 않는다. 사람의 기쁨은 결코 가는 데에 있는 것이 아니라, 존재하는 데에 있기 때문이다."

우리는 태만에 너무나 익숙해져 있기 때문에, 만약 누군가가 한 장소에서 발을 멈추고 데생을 하는 데에 필요한 시간 동안 그곳을 뚫어져라 바라보고 있으면 우리는 그를 유별나다고, 어쩌면 위험하다고 생각할지도 모른다. 나무 한 그루를 그리는 데는 적어도 10분간의 예리한 집중이 필요하다. 그러나 아무리 예쁜 나무라고 해도 행인을 1분 이상 잡아둘 수 있는 경우는 아주 드물다.

러스킨은 빨리, 그리고 멀리 여행하고 싶어하는 소망이 한 곳에서 제대로 기쁨을 끌어내지 못하기 때문이라고, 즉 바구니 가장자리에 걸린 작은 파슬리 가지처럼 세밀한 데에서 기쁨을 끌어내지 못하기 때문이라고 생각했다. 그는 1864년 맨체스터에서 부유한 산업가들을 청중으로 앉혀놓고 열변을 토하다가 관광 산업에 대한 강한 분노를 이런 식으로 표현했다. "여러분은 기차를 타고 달리는 것도 기쁨의 하나라고 봅니다. 그래서 여러분은 샤펜하우젠 폭포 위에 철교를 세워놓았습니다. 여러분은 루체른 절벽에 있는 텔의 예배당 옆에 터널을 뚫었습니다. 여러분은 제네바 호수의 클라렌스 호숫가를 파괴했습니다. 영국에는 여러분이 으르렁거리는 불덩어리를 채워넣지 않은 고요한 골짜기가 하나도 없으며, 외국 도시도 여러분이 뻗어나가는 곳에는 사람을 잠식하는 하얀 나병 같은 새 호텔이 들어서지 않은 곳이 하나도 없습니다. 여러분은 알프스 산맥도 곰 사육장에서 곰들이 오르내리는 비누 기둥으로 여깁니다. 여러분은 그곳을 올라갔다가 다시 미끄러져 내려오며 '기쁨의 비명'을 질러댑니다."

말투는 신경질적이었지만, 고민은 진지했다. 테크놀로지는 아름다움에 쉽게 다가가게 해줄지 모르지만, 그것을 소유하거나 감상하는 과정을 간단히게 만들어주지는 않는다.

그렇다면 사진은 무엇이 문제인가? 아무런 문제가 없다. 러스킨은 처음에는 이렇게 생각했다. "이 끔찍한 19세기가 인간에게 쏟아부은 모든 기계적인 독 가운데 그래도 그것은 한 가지 해독제를 제공했습니다." 이것은 러스킨이 1839년에 루이-자크-망데 다게르의 발명품에 대해서 한 이야기이다. 러스킨은 1845년에 베네치아에서 은판 사진을 여러 장 만들어보고 그 결과에 기뻐했다. 그는 아버지에게 이렇게 썼다. "생생한 햇빛으로 만든 이 은판 사진은 아주 화려합니다. 궁전 자체를 들고 가는 것과 거의 같아요. 돌 조각 하나 얼룩 하나 빠지는 것이 없습니다. 물론 비례에 대해서도 잘못이 있을 수 없습니다."

그러나 사진이 그것을 찍는 사람들 다수에게 심각한 문제를 일으킨다는 점에 주목하면서 러스킨의 열의는 사그라졌다. 사람들은 적극적이고 의식적으로 보기 위한 보조 장치로 사진을 활용하는 것이 아니라, 보는 것을 대체하는 물건으로 사용했으며, 그 결과 전보다 세상에 주의를 덜 기울이게 되었다. 사진이 자동적으로 세상의 소유를 보장해줄 것이라고 믿었기 때문이다.

러스킨은 데생에 대한 애착을 설명하면서(그는 어디를 가든 뭔가를 스케치했다), 그런 애착이 "명성이나 다른 사람들 또는 나 자신의 이익을 얻고자 하는" 욕망에서 생기는 것이 아니라, "먹는 것이나 마시는 것과 비슷한 어떤 본능"에서 생긴다고 말한 적이 있다. 이 세 가지 행동의 공통점은 모두 자아가 세상의 바람직한 요소를 동화하는 것과 관련이 있다는 것이다. 바깥의 선善을 안으로 옮기는 것이다. 러스킨은 어린 시절에 풀의 생김새가 너무 좋아서 자주 그것을 먹고 싶었지만, 점차 그것을 그리는 편이 낫다는 것을 알게 되었다고 한다. "나는 풀밭에 누워 자라는 풀잎을 그리곤 했다. 초원의 구석구석, 또는 이끼 낀 강둑이 나의 **소유**가 될 때까지"(강조는 필자).

사진만으로는 그렇게 먹는 것을 보장할 수 없었고, 지금도 보장할 수 없다. 풍경의 진정한 소유는 그 요소들을 살피고 그 구조를 이해하고자 하는 의식적 노력에 달려 있다. 우리는 눈만 뜨면 아름다움을 잘 볼 수 있다. 그러나 이 아름다움이 기억 속에서 얼마나 오래 살아남느냐 하는 것은 우리가 그것을 얼마나 의도적으로 파악하느냐에 달려 있다. 카메라는 보는 것과 살피는 것 사이의 구별, 보는 것과 소유하는 것 사이의 구별을 흐려 버린다. 카메라는 진정한 지식을 선택할 기회를 줄 수도 있지만, 어느새 그 지식을 얻으려는 노력을 잉여의 것으로 만들 수도 있다. 카메라는 사진을 찍음으로써 우리의 할 일을 다 했다는 느낌을 줄 수도 있다. 그러나 어떤 장소—예를 들면 숲—를 제대로 먹으려면 "줄기가 뿌리와 어떻게 연결될까?", "안개는

존 러스킨, 「공작의 가슴 깃털 스케치」, 1873년.

어디서 올까?", "이 나무는 왜 저 나무보다 색이 짙을까?" 등의 문제들을 계속 제기하게 된다. 스케치를 하는 과정에서는 은연중에 이런 질문을 하고 또 답을 찾게 된다.

5

데생에 대한 러스킨의 민주적 관점에 고무되어 나도 여행을 하면서 데생을 해보았다. 무엇을 그릴 것이냐에 대해서는 이전에 내가 카메라를 잡는 동기가 되었던 욕구, 즉 아름다움을 소유하고 싶다는 욕구의 안내를 받는 것이 합당할 것 같았다. 러스킨의 말을 빌리면, "당신의 예술은 당신이 사랑하는 것에 대한 찬양이어야 한다. 그것은 조개껍질이나 돌멩이에 대한 찬양일 수도 있다."

나는 모텔 맨의 침실 창문을 그리기로 했다. 바로 눈앞에 있기도 했고, 맑은 가을 아침에 보니 매력적으로 느껴지기도 했기 때문이다. 그 결과는 참담했는데, 물론 이것은 충분히 예측할 수 있는 사태였다. 하지만 동시에 나는 그 과정에서 많은 가르침을 얻기도 했다. 그림을 그리는 사람은 아무리 솜씨가 형편없다고 하더라도 그 행위를 통해서 그 대상의 생김새에 대한 선명치 않은 감각으로부터 구성요소와 특색에 대한 정확한 의식으로 빠르게 넘어가게 된다. 실제로 내가 그린 "창문"은 유리를 지탱하는 일련의 동살, 불룩하게 튀어나오거나 움푹하게 들어간 장시적 요소들(이 호텔은 조지 왕조 양식이었다), 언뜻 보면 정사각형이지만 사실 의미심장하게 약간 직사각형인 창유리 12개로 이루어져 있었다. 색깔은 하얀색으로 보이지만 사실 하얀색은 아니고 빛에 따라서 또 빛과 페인트 밑의 나무의 상태(예를 들면 창문의 북서쪽 가장자리는 물 자국 때문에 분홍색을 띠었다)에 따라서 잿빛, 갈색을 띈 회색, 노란색, 연분홍빛을 띤 연한 자주색, 연두색 등으로 다르게 나타났다. 유리도 완전히 투명한 것은 아니었다. 미세하지만 내부에 결점들이 있었고, 아주 작은 공기방울들이 눈에 띄어 얼어붙은 탄산음료 같은 느낌을 주었다. 더욱이 내 방 유리창 표면에는 말라붙은 빗물 자국과 더불어 창문을 닦은 사람이 서둘러 걸레질을 한 흔적까지 남아 있었다.

대충 그림을 그려보아도 우리가 전에는 사물의 진정한 모습을 몰랐다는 사실이 금방 드러난다. 나무를 생각해보자. 러스킨은 『데생의 기초』에서 자신의 그림을 예로 들어가며, 우리가 그림을 그려보기 전에 나무의 가지라고 보통 상상하던 것과 종이와 연필을 들고 꼼꼼히 살펴보기 시작했을 때 드러나는 모습 사이의 차이에 대해서 이야기한다. "가지는 줄기에서 제멋대로 여기저기 뻗어 제 갈 길을 가는 것이 아니다. 모든 가지는 분수와 같은 큰 추진력을 공유하고 있다. 즉 일반적인 유형의 나무

존 러스킨, 「가지들」, 『데생의 기초』에 수록, 1857년.

는 1*a*가 아니라 1*b*와 같다는 것이다. 잔가지들은 모두 경계를 이루는 곡선까지 뻗어 있다. 각각의 가지의 유형도 2*a*가 아니라 2*b*이다. 즉 브로콜리의 구조와 비슷하다는 것이다."

나는 평생 많은 떡갈나무를 보았으나, 랭데일 골짜기에서 한 시간 동안 스케치를 해본 뒤에야(그 결과는 어린아이의 눈에도 웃을 만한 것이었지만) 비로소 그들의 정체성을 제대로 감상하고, 기억하는 것이 어떤 것인지 느낌이 오기 시작했다.

6

우리가 그림에서 얻을 수 있는 또 하나의 이득은 어떤 풍경이나 건물에 이끌리는 이유를 의식적으로 이해할 수 있다는 것이다. 그림을 그리다 보면 우리의 취향에 대한 설명을 얻게 되며, "미학", 즉 아름다움과 추함에 대해서 판단을 내리는 능력도 생기게 된다. 이전보다 훨씬 더 정확하게 우리가 좋아하지 않는 건

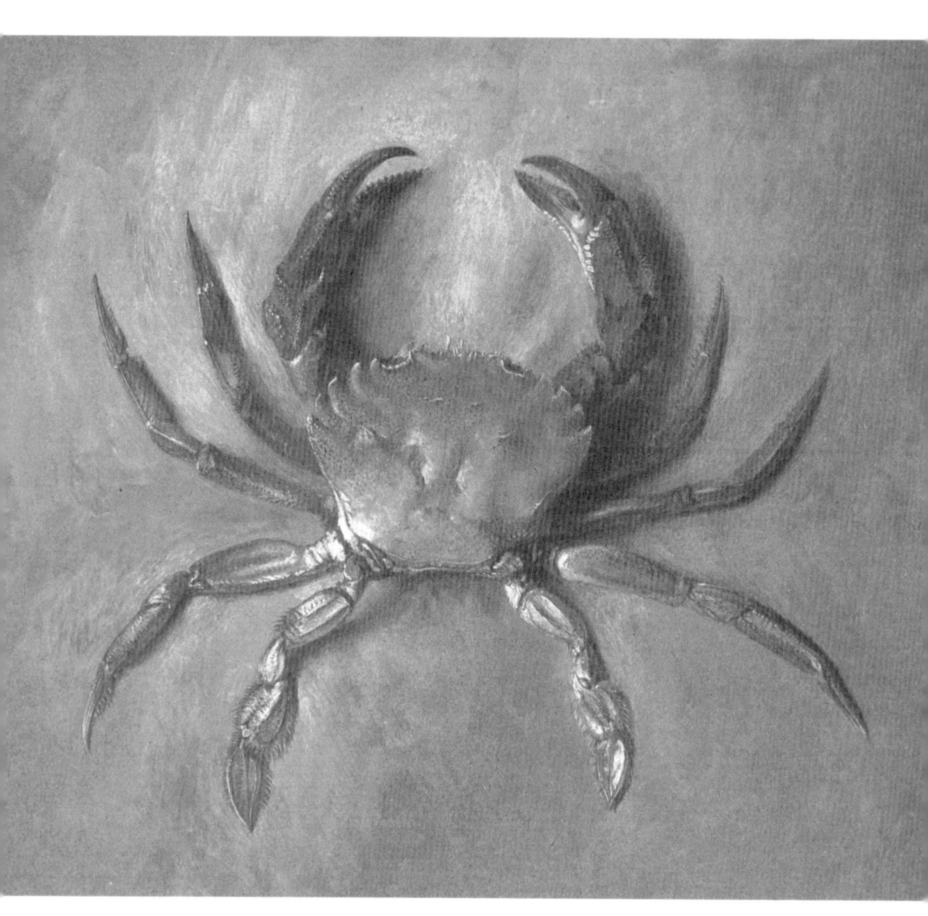

존 러스킨, 「꽃게」, 1870–1871년.

물에서 무엇이 빠졌는지 판단하고 또 우리가 좋아하는 건물에서 무엇이 아름다움에 기여하는지 판단할 수 있다. 감명 깊은 장면을 좀더 빠르게 분석하여, 감동을 주는 힘이 어디에서 생기는지 집어낼 수 있다("석회암과 저녁 해의 조화", "나무들이 강 쪽을 향해 점점 가늘어지는 모습" 등). 얼렁뚱땅 "이것이 마음에 들어" 하고 말하는 것에서 좀더 정확하게 "이것이 마음에 드는 이유는……"으로 넘어갈 수 있고, 그 다음으로 마음에 드는 것들에 대한 일반화를 향해 나아갈 수도 있다. 실험적이고 잠정적인 것이라고 하더라도 아름다움의 법칙들이 머리에 떠오르게 되는 것이다. 빛은 대상을 위에서보다 옆에서 비추는 것이 좋다. 회색은 녹색과 잘 어울린다. 거리가 널찍해 보이려면 건물의 높이가 거리의 폭보다 높아서는 안 된다.

이런 의식적인 인식의 기초 위에 좀더 단단한 기억들이 세워질 수 있다. 폼페이의 기둥에 우리의 이름을 새기는 일은 이제 불필요하게 느껴진다. 러스킨의 말에 따르면 우리는 그림을 통해서 "희미해지는 구름, 떨리는 잎, 변하는 그림자를 붙잡아놓을 수 있다."

러스킨은 4년 동안 가르치고 그림에 대한 교본을 쓰면서 자신이 하려고 했던 일을 정리하여, 자신의 동기는 "사람들이 물질적 우주에서 신의 작품의 아름다움에 좀더 관심을 가지게 하고 싶은" 욕망이었다고 설명했다. 러스킨이 이 묘하게 들리는 야망을 구체적으로 설명한 구절은 길게 인용할 만한 가치가 있다. "두 사람이 산책을 나간다고 해보자. 한 사람은 스케치를 잘하는 사람이고, 또 한 사람은 그런 것에는 취미가 없는 사람이다. 그들은 녹색 길을 따라 걸어간다. 이 두 사람이 지각하는 경치에는 큰 차이가 있다. 한 사람은 길과 나무를 볼 것이다. 그는 나무가 녹색임을 지각하지만, 그것에 관해서는 아무 생각도 하지 않을 것이다. 그는 태양이 빛나는 것을 보고, 그것이 기분 좋다고 느낀다. 하지만 그것이 전부이다! 반면 스케치를 하는 사람은 무엇을 볼까? 그의 눈은 아름다움의 원인을 찾고, 예쁜 것의 가장 세밀한 부분까지 꿰뚫어보는 데에 익숙하다. 그는 고개를 들어 햇빛이 소나기처럼 나뉘어 머리 위에서 은은한 빛을 발하는 잎들 사이로 흩어지고, 마침내 공기가 에메랄드 빛으로 가득 차는 모습을 관찰한다. 그는 여기저기에서 가지들이 잎들의 베일을 헤치고 나오는 모습을 볼 것이다. 보석처럼 빛나는 에메랄드 색 이끼와 하얀색과 파란색, 자주색과 빨간색으로 얼룩덜룩한 환상적인 지의류가 부드럽게 하나로 섞여 아름다운 옷 한 벌을 이루는 것을 볼 것이다. 이어 동굴처럼 속이 빈 줄기와 뱀처럼 똬리를 틀고 가파른 둑을 움켜쥐고 있는 뒤틀린 뿌리들이 나타난다. 잔디가 덮인 비탈에는 다채로운 색깔의 꽃들이 상감세공처럼 새겨져 있다. 볼 만한 가치가 있지 않은가? 그럼에도 스케치를 하는 사람이 아니면, 녹색 길을 지나서 집에 돌아왔을 때 할 말도 없고 생각할 것도 없다. 그저 이러저러한 길을 따라 걸어갔다 왔을 뿐이다.”

7

러스킨은 여행을 하면서 스케치를 하라고 권했을 뿐만 아니라, 아름다움에 대한 우리의 인상을 굳히려면 글을 써야 한다고, 그의 말로 하자면 “말로 그려야” 한다고 생각했다. 생전에 그가 데생으로 큰 존경을 받았다고 하더라도, 대중의 상상력을 사로잡은 것, 그리고 그가 빅토리아 여왕 시대 말기에 명성을 떨치게 된 것은 그의 ‘말 그림’ 때문이었다.

매력적인 장소는 보통 언어의 영역에서 우리가 능력이 부족하다는 사실을 일깨워준다. 예를 들면 레이크 디스트릭트에서 나는 친구에게 엽서를 쓰다가 약간의 절망과 초조함을 느끼며 경치는 좋고, 날씨는 흐리고, 바람이 많다고 썼다. 러스킨이라면 그런 산문을 무능력이라기보다는 게으름의 결과라고 평했을 것이다. 그는 우리 모두가 적절한 ‘말 그림’을 그릴 수 있다고 주장했다. 우리가 그렇게 하지 못하는 것은 스스로에게 충분한 질문을 하지 않기 때문이며, 우리가 보고 느낀 것을 분석하는 데에 정확하지 못하기 때문일 뿐이다. 호수가 예쁘다는 관념에 안주하지 말고 한 걸음 더 나아가야 한다. “이 넓은 호수에서 매력적인 것이 구체적으로 무엇인가?" "거기서 연상되는 것은 무엇인가?" "크다는 말보다 더 좋은 말은 없을까?" 그렇게 해서 나온 결과물이 천재라는 증거는 될 수 없을지 몰라도, 적어도 하나의 경험을 진정하게 표현하는 방법을 찾고자 하는 동기에서 나온 것임은 분명하다고 할 수 있다.

러스킨은 어른이 되어서 영국의 예의 바르고 교양 있는 영국인들이 날씨에 대해서 깊이 있게 이야기하지 않는 것에 늘 실망했다. 특히 흐리고 바람이 많다고 언급하려는 경향에 좌절감을 느꼈다. "하늘에 대해서 아는 사람들이 거의 없다는 것은 이상한 일이다. 우리는 하늘에 전혀 관심을 기울이지 않으며, 하늘을 사고의 주제로 생각하지 않는다. 우리는 그것을 그저 의미 없고 단조로운 우연들의 연속으로만 본다. 그런 흔해 빠진 현상을 1분이라도 눈여겨보거나 감탄하는 것은 무익한 일이라고 보는 것이다. 아주 한가하고 단조로운 순간에 무엇인가 건질까 싶은 마지막 기대로 고개를 들어 하늘을 본다면, 그 현상들 가운데 무엇에 대해서 말을 할까? 어떤 사람은 흐리다고 말하고, 또 어떤 사람은 바람이 많다고 말하고, 또 어떤 사람은 따뜻하다고 말한다. 하루 종일 입을 열고 떠드는 그 많은 사람들 가운데 오늘 정오에 지평선 가장자리에 늘어섰던 높이 솟은 하얀 산들의 모양과 절벽 이야기를 해줄 사람은 없는가? 남쪽에서 나온 가는 빛살이 그 정상들을 후려치던 모습, 마침내 먼지 같은 파란 비 속에서 그 정상들이 녹아 무너져내리던 모습을 본 사람은 없는가? 어젯밤 햇빛이 떠날 때 죽은 구름들이 추던 춤을 본 사람은 없는가? 서풍이 낙엽처럼 그 구름들을 몰고 가던 것을 본 사람은 없는가?"

물론 있었다. 바로 러스킨 자신이었다. 그는 예술의 기능과 먹고 마시는 것의 기능 사이의 관계를 또다른 방식으로 유추하면서 셰리주 수입상이던 자신의 아버지가 셰리를 병에 담듯이 주의 깊게 하늘을 병에 담는다고 자랑하곤 했다. 1857년 가을 런던에서 하늘을 병에 담던 날의 일기 두 편을 소개해보겠다.

> 11월 1일 : 주홍빛 아침. 부드러운 진홍의 물결들. 가장자리는 선명하고, 점차 자주색으로 변한다. 남서쪽으로부터 온 회색 조각구름이 그 밑을 천천히 움직인다. 지평선에는 조각구름과 새털구름 사이에 회색 뭉게구름. 결국 예쁘장한 날이 되었다……. 먼 곳은 온통 자주와 파랑, 나무 근처는 흐릿한 햇빛, 녹색 들판……파란 하늘에 흩어지는 금빛 잎들, 그리고 그 잎들을 별처럼 등에 지고 있는 가늘고 작고 어두운 마로니에에 주목하라.

> 11월 3일 : 자줏빛 새벽, 홍조, 섬세하다. 쭉 늘어선 회색 구름, 6시인데 빽빽하다. 이윽고 그 사이로 빛을 등진 자주색 구름이 나타난다. 그 위에 칙칙한 노란색으로 열리는 하늘—모두 회색.

「구름들」, J. M. W. 터너의 스케치를 J. C. 아미티지가 동판 인쇄. 존 러스킨의 『근대 화가들』, 5권에 수록, 1860년.

유난히 짙은 회색의 조각구름이 남서쪽으로부터 비스듬하게 가로질러 간다. 빠르게 움직이지만 결코 요동치지는 않는다. 마침내 녹아버린다. 회색 바탕에 황동 조각 같은 빛을 뿌리는 하늘로 흩어진다—회색 아침 속으로 사라져간다.

8

러스킨의 '말 그림'은 어떤 장소의 생김새를 묘사하는 방법("잔디는 녹색이고, 땅은 회색을 띤 갈색이었다")일 뿐만 아니라, 심리학적 언어로 그 장소가 우리에게 주는 영향을 분석하는 방법("풀은 **대범해** 보이고, 땅은 **소심해** 보였다")이기 때문에 특히 강력한 힘을 발휘한다. 그는 많은 장소들이 미학적 기준이 아니라 심리적 기준에서 우리에게 아름답게 비친다는 점을 인식했다. 즉 색깔의 조화나 대칭과 비례 때문이 아니라, 우리에게 중요한 가치나 분위기를 구현하고 있기 때문에 아름답다는 것이다.

그는 어느 날 아침 런던에서 창밖으로 뭉게구름을 보았다. 사실 묘사를 보면, 이 구름들은 벽을 형성했고, 거의 완전히 흰색이었으며, 움푹 들어간 데가 몇 군데 있어서 그곳으로 햇빛이 비쳐들었다. 그러나 그는 이 소재에 좀더 심리학적으로 접근했다. "진정한 뭉게구름, 구름들 가운데 가장 웅장한 구름은……

대체로 요동을 치지 않는다. 그 덩어리의 움직임은 엄숙하고, 연속적이고, 불가해하다. 내적인 의지로 살아 움직이는 듯, 아니면 보이지 않는 힘에 강제된 듯 꾸준하게 나아가거나 물러난다"(강조는 필자).

러스킨은 알프스에서도 이런 심리적인 용어로 소나무와 바위를 묘사했다. "알프스 절벽 밑에서 소나무들을 올려다보노라면 오래지 않아 경외감을 느끼지 않을 수 없다. 소나무들은 사람이 도저히 접근할 수 없는 거대한 벽의 돌출부나 위험한 바위턱에 고요히 모여 있는데, 각기 옆에 있는 나무의 그림자 같다. 그러나 꼼짝도 하지 않고 꼿꼿하게 서서 서로를 알지 못한다. 우리는 그곳에 닿을 수도 없고, 그들에게 소리를 지를 수도 없다. 저 나무들은 한번도 인간의 목소리를 들어본 적이 없다. 저 나무들은 바람의 소리를 제외한 모든 소리들 너머 저 위에 있다. 어떤 발도 그들의 떨어진 잎을 흩어놓은 적이 없다. 저 나무들은 너무도 불편한 자세로 서 있지만 강철 같은 의지를 드러내고 있어서, 바위도 그 옆에서는 구부러지고 부서진 것처럼 보인다. 저 나무들의 가냘픈 생명에 감추어진 어두운 에너지나 매혹된 자존심이 드러내는 단조로움과 비교하면, 바위는 연약하고, 허약하고, 일관성이 없게 보인다"(강조는 필자).

이러한 심리적인 묘사를 통해서 우리는 왜 어떤 장소가 우리의 마음을 흔드는가 하는 문제에 대한 답에 좀더 가까이 다가

존 러스킨, 「알프스 봉우리」, 1846년.

간 것 같다. 우리가 사랑하는 것을 의식적으로 이해한다는 러스킨적인 목표에 더 가까이 다가간 것이다.

9

줄지어 선 커다란 사무용 건물들 맞은편 갓돌에 주차를 한 남자가 '말 그림'을 그리고 있을 것이라고 짐작하기는 쉽지 않을 것이다. 유일한 실마리는 그가 운전대에 노트를 놓고, 한참 밖을 물끄러미 바라보다가 이따금 뭔가를 적는다는 것이다.

밤 11시 30분이다. 나는 몇 시간 동안 부두를 돌아다니다가, 커피를 마시러 런던 시 공항에 들렀다(나는 그곳에서 마지막 비행기인 크로스에어 아브로 RJ85가 취리히를 향해—또는 보들레르 말대로 "어디로라도! 어디로라도!!" 가기 위해서—하늘로 솟아오르는 모습을 동경에 젖은 눈으로 지켜보았다). 집으로 돌아오는 길에 서인도 부두의 불이 켜진 거대한 건물들과 마주쳤다. 사무용 건물들은 주변을 둘러싸고 있는, 불빛이 약한 수수한 집들과는 아무런 관련이 없는 것처럼 보였다. 허드슨 강변이나 케이프 커내버럴 곶串의 우주왕복선 한쪽 편에 있어야 제격일 것 같았다. 인접한 두 건물 꼭대기에서는 김이 피어오르고 있었다. 전 지역에 엷은 안개가 고르게 덮여 있었다. 늦은 시간임에도 거의 모든 층에 불이 밝혀져 있었다. 멀리서도 건물 내부의 컴

퓨터, 회의실, 화분, 플립차트가 보였다.

아름다운 광경이었다. 아름답다는 인상과 더불어 그 근원을 소유하고 싶다는 욕망이 일었다. 러스킨의 말에 따르면, 예술만이 제대로 충족시킬 수 있는 욕망이었다.

나는 말 그림을 그리기 시작했다. 묘사적인 구절들은 쉽게 나왔다. 사무용 건물들은 높았다. 꼭대기는 피라미드처럼 생겼다. 옆면에는 루비처럼 빨간 불들이 밝혀져 있었다. 하늘은 검은색이 아니라, 오렌지 색을 띤 노란색이었다. 그러나 이러한 사실 묘사는 내가 이 장면을 그렇게 인상적으로 받아들인 이유를 집어내는 데에는 거의 도움이 되지 않는 듯했기 때문에, 나는 좀더 심리적인 용어로 그 아름다움을 분석하려고 시도했다.

이 장면의 힘은 밤과 건물들 위의 안개에서 나오는 것 같았다. 밤이 오자 낮에는 드러나지 않았던 건물의 작은 면들이 모습을 나타냈다. 햇빛을 받고 있었다면 이 건물들은 평범하게 보였을 것이고, 창문들이 눈길을 물리치듯이 효과적으로 질문들을 물리쳤을 것이다. 그러나 밤은 이런 정상성에 대한 요구를 뒤집었다. 밤이 오자 외부인은 안을 들여다볼 수 있었고, 그것이 얼마나 이상하고, 무시무시하고, 경탄할 만한지 놀라고 말았다. 이 건물들은 수천 명의 질서와 협동을 체현하는 동시에, 통제와 권태를 체현하고 있었다. 밤은 진지함에 대한 관료적 환상을 흔들어놓았다. 적어도 거기에 문제는 제기했다. 어둠 속에서는 플립차트와 컴퓨터가 왜 거기에 있는지 궁금해한다. 그것들이 쓸모없다는 의미가 아니라, 낮빛 속에서 보았을 때보다는 이상하고 수상쩍게 보일 수도 있다는 의미이다.

동시에 안개는 노스탤지어를 불러들였다. 안개 낀 밤은 마치 어떤 냄새처럼 우리를 비슷한 경험을 했던 때로 데려갈 수도 있다. 나는 대학 시절의 밤을 생각했다. 불이 밝혀진 운동장을 따라 걸어서 집으로 가던 밤. 그리고 그때의 내 삶과 지금의 내 삶의 차이를 생각했다. 그러자 당시 내가 겪었던 어려움과 그 이후로 내가 잃어버린 귀중한 것들이 떠오르며 달콤씁쓸한 슬픔이 밀려왔다.

이제 차 안은 종이로 뒤덮였다. 내 '말 그림' 수준은 랭데일 골짜기에서 그렸던 유치한 떡갈나무 스케치의 수준보다 별로 높지 않았다. 그러나 질이 문제가 아니었다. 나는 적어도 러스킨이 예술의 두 가지 목적이라고 말했던 것—고통을 이해하고, 아름다움의 근원을 헤아려보는 것—가운데 하나는 따라가보려고 시도했다.

러스킨은 영국의 시골을 여행하다가 제자들이 형편없는 그림을 제출하자 이렇게 말했다. "나는 보는 것이 그림보다 더 중요하다고 믿습니다. 나는 학생들이 그림을 배우기 위해서 자연을 보라고 가르치기보다는, 자연을 사랑하기 위해서 그림을 그리라고 가르치겠습니다."

귀환

IX

습관에 대하여

장소 런던 해머스미스

안내자 사비에르 드 메스트르

1

바베이도스에서 런던으로 돌아왔지만, 도시는 고집스럽게도 변하지 않았다. 나는 파란 하늘과 거대한 말미잘을 보았고, 라피아 방갈로에서 잠을 자고 킹피시를 먹었으며, 새끼 거북이들 옆에서 헤엄을 치고 코코넛 나무 그늘에서 책을 읽다가 왔다. 그러나 내가 살던 도시는 그런 나에게 무심했다. 비가 내리고 있었다. 공원은 여전히 물웅덩이였다. 하늘은 여전히 음울했다. 기분이 좋고 날씨도 화창하면, 우리 안에서 생기는 일과 바깥의 일을 연결하고 싶은 유혹을 느낄 수도 있다. 그러나 여행에서 돌아와 런던의 모습을 보자, 세상이 그곳에 사는 사람들의 삶에서 전개되는 일에 무관심하다는 생각밖에 들지 않았다. 나는 집에 있다는 것에 절망을 느꼈다. 나의 삶을 보내야 할 곳 가운데 지구상에서 이보다 나쁜 곳은 찾아보기 힘들 것이라는 생각이 들었다.

2

"인간의 불행의 유일한 원인은 자신의 방에 고요히 머무는 방법을 모른다는 것이다"(『팡세』 단장 136).

3

알렉산더 폰 훔볼트는 1799년부터 1804년까지 남아메리카를 여행했으며, 나중에 자신이 본 것을 『신대륙의 적도 지역 여행』이라는 제목으로 출판했다.

훔볼트가 여행에 나서기 9년 전인 1790년 봄, 스물일곱 살의 프랑스인 사비에르 드 메스트르는 자신의 침실을 여행하고, 나중에 그것을 『나의 침실 여행』이라는 제목으로 출판했다. 드 메스트르는 자신의 경험에 만족하여 1798년에는 두 번째 여행을 떠났다. 이번에는 밤에 여행을 하여, 멀리 창문턱까지 과감하게 나아갔다. 그 문학적 결과물은 『나의 침실 야간 탐험』이었다.

『신대륙의 적도 지역 여행』과 『나의 침실 여행』은 여행에 접근하는 두 가지 방법을 보여준다. 첫 번째 여행에는 노새 10마리, 짐 꾸러미 30개, 통역 4명, 크로노미터, 육분의, 망원경 2개, 보르다 경위의經緯儀, 나침반, 습도계, 스페인 왕이 보내는 소개장, 총이 필요했다. 두 번째 여행에는 분홍색과 파란색이 섞인 면 파자마 한 벌이 필요했다.

사비에르 드 메스트르는 1763년에 프랑스의 알프스 비탈에 자리잡은 그림 같은 소도시 샹베리에서 태어났다. 그는 천성이 열정적이고 낭만적이었으며, 책, 특히 몽테뉴, 파스칼, 루소의 책을 좋아했고, 그림은 특히 네덜란드와 프랑스의 집 안 광경을 그린 그림들을 좋아했다. 스물세 살의 나이에 드 메스트르는 항공학에 매력을 느꼈다. 그로부터 3년 전 에티엔 몽골피에는 기구氣球를 만들어 몽투시엘("하늘로 올라간다")이라는 이름의 양을 비롯하여 오리와 수탉 등을 싣고 베르사유 궁전 위를 8분 동안 날아 세계적으로 이름을 떨쳤다. 드 메스트르는 친구와 함께 종이와 철사로 거대한 날개를 만들어 미국까지 날아갈 계획을 세웠으나 성공은 거두지 못했다. 2년 뒤에는 열기구에 자리를 하나 얻어 샹베리 상공을 몇 분 동안 떠다녔으나, 기구는 소나무 숲에 충돌하고 말았다.

그러다가 1790년 튀랭의 한 아파트 꼭대기 층의 수수한 방에서 살 때, 그는 장차 자신의 이름을 떨치게 될 선구적인 여행 양식을 개척했다. 자신의 방 여행이었다.

사비에르와 형제지간인 정치 이론가 조제프 드 메스트르는 『나의 침실 여행』을 소개하면서 사비에르의 의도는 과거의 위대한 여행자들, 즉 "마젤란, 드레이크, 앤슨, 쿡"의 영웅적인 행동을 비방하는 것이 아니라고 말했다. 마젤란은 남아메리카 남단을 돌아 스파이스 제도로 가는 서쪽 항로를 발견했다. 드레이크는 지구를 한 바퀴 돌았다. 앤슨은 필리핀의 정확한 해도海圖를 그렸다. 쿡은 남쪽 대륙의 존재를 확인했다. "그들은 의심할 여지없이 뛰어난 사람들이다." 조제프는 그렇게 말한 뒤 덧붙였다. "내 동생은 그런 탐험가들만큼 용감하지도 않고 부유하지도 않은 사람들을 위해서 훨씬 더 실제적인 여행 방법을 발견했을 뿐이다."

사비에르는 여행을 준비하면서 이런 식으로 설명했다. "지금까지 감히 여행을 떠나보지 못한 수많은 사람들, 여행을 할 수 없었던 사람들, 그리고 여행은 생각도 해본 일이 없는 더 많은 사람들이 나의 예를 따를 수 있을 것이다. 이제 아무리 게으른 사람이라고 하더라도 돈도 노력도 들지 않는 즐거움을 찾아 출발하는 일을 망설일 이유가 없을 것이다." 그는 특히 폭풍이나 강도나 절벽을 무서워하는 사람들과 가난한 사람들에게 방 여행을 권했다.

4

안타깝게도 드 메스트르의 선구적인 여행은 그의 비행기와 마찬가지로 큰 성공을 거두지는 못했다.

이야기는 멋지게 시작한다. 드 메스트르는 문을 잠그고 분홍색과 파란색이 섞인 파자마로 갈아입는다. 그는 짐을 챙길 필요도 없이 방에서 가장 큰 가구인 소파를 여행한다. 그는 이 여행을 통해서 평소의 무기력을 털어버리고, 새로운 눈으로 소파를 바라보며 그 특질 몇 가지를 재발견한다. 그는 소파 다리의 우아함에 감탄하며, 그 푹신푹신한 곳에 웅크리고 사랑과 출세를 꿈꾸며 보냈던 즐거운 시간들을 기억해낸다. 드 메스트르는 소파에서 침대를 훔쳐본다. 이번에도 여행자라는 유리한 입장에서 이 복잡한 가구를 제대로 평가할 수 있다. 그는 그 안에서 보낸 밤들에 고마움을 느끼며, 그의 침대보가 파자마와 조화를 이룬다는 사실에 자부심을 느낀다. "가능한 사람은 분홍색과 흰색이 섞인 침대보를 쓰기를 권한다." 드 메스트르는 그렇게 쓰고 있다. 이것이 깊이 잠들지 못하는 사람에게 차분함과 즐거운 백일몽을 안겨주는 색깔이기 때문이다.

그러나 그 뒤부터 드 메스트르는 그의 노력의 전체적인 목적을 잊어버렸다고 비난받아도 할 말이 없을 것이다. 그는 그의 개 로진, 애인 제니, 충실한 하인 조아네티에 대한 길고 지겨운 이야기 속에서 한참을 헤맨다. 따라서 방 여행에 대한 구체적인 안내를 받으려고 책을 펼친 여행자들은 『나의 침실 여행』을 읽고 나서 약간의 배신감을 느낄 위험이 있다.

그럼에도 드 메스트르의 작품은 심오하고 의미심장한 통찰로부터 출발했다. 우리가 여행으로부터 얻는 즐거움은 여행의 **목적지**보다는 여행하는 **심리**에 더 좌우될 수도 있다는 것이다. 여행의 심리를 우리 자신이 사는 곳에 적용할 수 있다면, 이런 곳들도 훔볼트가 찾아갔던 남아메리카의 높은 산 고개나 나비가 가득한 밀림만큼이나 흥미로운 곳이 될 수 있다.

그렇다면 여행하는 심리란 무엇인가? 수용성이 그 제일의 특징이라고 말할 수 있을 것이다. 수용적인 태도가 되면, 우리는 겸손한 마음으로 새로운 장소에 다가가게 된다. 어떤 것이 재미있고 어떤 것이 재미없다는 고정관념은 버리고 간다. 그곳에서 사는 사람들은 우리 때문에 짜증이 난다. 우리가 교통 섬이나 좁은 도로에 서서 그 사람들에게는 눈여겨볼 것이 없는 사소한 것들에 감탄을 하기 때문이다. 우리는 정부 청사의 지붕이나 벽에 새겨진 글에 흥미를 느껴 차에 치일 위험을 무릅쓴다. 우리 눈에는 어느 슈퍼마켓이나 미용실이 유난히 매혹적으로 보인다. 우리는 식당 메뉴판의 레이아웃이나 저녁 뉴스 진행자의 옷을 곰곰이 들여다본다. 우리는 현재의 밑에 겹겹이 쌓여 있는 역사에 민감하게 반응하여, 메모를 하고 사진을 찍는다.

이와 대조적으로 집에 있을 때는 기대감이 별로 작동하지 않는다. 우리는 우리 동네에서 흥미 있는 것은 모두 발견했다고 자신한다. 무엇보다도 우리가 그곳에서 오래 살았다는 것이 주된 이유이다. 우리가 10년 이상 산 곳에서 뭔가 새로운 것이 나타난다는 생각은 하기 힘들다. 우리는 습관화되어 있고, 따라서 우리가 사는 곳에 대해서 눈을 감고 있다.

드 메스트르는 우리의 이런 수동성을 흔들려고 했다. 방 여행을 기록한 두 번째 책 『나의 침실 야간 탐험』에서 그는 창문으로 가서 밤하늘을 올려다본다. 그는 그 아름다움을 보고 좀더 많은 사람들이 그런 흔하면서도 아름다운 광경을 감상하지 못하는 것에 좌절감을 느낀다. "지금 하늘이 잠들어 있는 인류를 위해서 펼쳐놓은 이 숭고한 광경을 보고 기쁨을 느끼는 사람이 몇이나 될까! 산책을 나가거나, 극장에서 몰려나오는 사람들이 잠시 고개를 들어 머리 위에서 빛을 발하는 찬란한 별자리를 감상하는 데에 무슨 돈이 들까?" 사람들이 그것을 보지 않는 이유는 전에 그렇게 한 적이 없기 때문이다. 그들은 자신의 우주가 따분하다고 생각하는 습관에 빠져 있다. 실제로 그들의 우주는 그들의 기대에 적당히 맞추어져 있다.

5

나도 내 방을 여행하려고 했지만, 간신히 침대 하나가 들어갈 만한 공간밖에 되지 않기 때문에 드 메스트르의 메시지를 동네 전체에 적용하는 것이 더 보람 있는 일일 것이라고 결론을 내렸다.

그래서 바베이도스에서 돌아오고 나서 몇 주일이 지난 3월의 어느 맑은 날 오후 3시쯤 나는 드 메스트르적인 방식으로 해머스미스를 둘러보러 나섰다. 대낮에 특정한 목적지를 염두에 두지 않고 밖에 나오니 기분이 묘했다. 가게와 식당들이 줄지어 선 대로변을 따라 여자와 금발의 작은 아이 둘이 걷고 있었다. 공원 맞은편에는 이층 버스가 사람들을 태우려고 정차해 있었다. 거대한 광고판은 소스를 선전하고 있었다. 나는 지하철을

타기 위해서 거의 매일 이 길을 걸어가기 때문에, 이 길을 목적을 위한 수단이 아닌 다른 것으로 보는 일에 익숙하지 않았다. 지금까지는 나의 목표에 도움을 주는 정보만이 내 눈길을 끌었다. 그 외의 모든 것은 관련이 없다고 판단했다. 따라서 보도의 수많은 사람들이 나의 길에 방해가 될지도 모른다고 생각해서 민감하게 굴기는 했지만, 그들의 얼굴과 표정은 내 눈에 들어오지 않았다. 건물의 모양이나 가게 안의 움직임도 마찬가지였다.

늘 그랬던 것은 아니다. 이 지역으로 처음 이사를 왔을 때는 나의 관심이 이렇게까지 배타적이지 않았다. 당시에는 나도 지하철 역까지 빨리 가겠다는 목표에 그렇게 단단히 얽매여 있지는 않았다.

새로운 공간에 들어서면 우리의 감수성은 수많은 요소들을 향하게 되지만, 그런 요소들의 숫자는 그 공간에서 우리가 찾는 기능에 맞추어 점차 줄어든다. 거리에서 우리가 보고 생각할 수 있는 4,000가지 가운데 우리는 결국 몇 가지만 적극적으로 의식하게 된다. 길 앞에 있는 사람들의 숫자, 오가는 사람들의 양, 비가 올 가능성 등. 버스도 처음에는 미학 또는 기계학의 관점에서 보았을 것이고, 나아가서 심지어 도시 내의 공동체들을 생각하기 위한 발판으로 삼기도 했겠지만, 점차 어느 지역을 가능한 한 빨리 가로질러 우리를 목적지까지 실어다 줄 네모난 상자로만 보게 된다. 버스가 가로지르는 지역은 우리의 일차적

BYRON
EAT FAT
EMERSON

저자 알랭 드 보통의 침실.

인 목표와는 관련이 없으며, 밖은 모두 어둠이고 어떤 것도 눈에 들어오지 않는다.

나는 그동안 거리를 나의 관심의 틀에 맞추어놓고 살아왔다. 이 틀에는 금발의 아이들이나 소스 광고나 보도에 깔린 돌이나 가게 진열장의 색깔이나 볼일을 보러 다니는 사람들 또는 연금 생활자들의 표정은 들어설 자리가 없었다. 일차적 목표가 나를 지배하고 있었기 때문에 공원을 구경하거나 같은 블록 안에 뒤섞여 있는 조지 시대, 빅토리아 시대, 에드워드 시대의 건축물들에 대해서 생각해볼 마음이 나지 않았다. 거리를 따라 걸어가다 보면 아름다움에 대한 관심, 연상적인 사고, 경이감이나 고마움, 시각적 요소에 의해서 촉발되는 철학적 일탈은 잘려나갔다. 그 대신 어떻게든 빨리 지하철 역까지 가고자 하는 집요한 요구만 남았다.

나는 이제 드 메스트르를 좇아 습관화의 과정을 역전시켜, 내가 그동안 발견했던 용도에서 주위 환경을 분리시키려고 했다. 나는 억지로 이상한 종류의 정신적 명령을 따르기로 했다. 전에 이곳에 와본 적이 없는 것처럼 주위를 둘러보기로 한 것이다. 그러자 서서히 여행의 보람이 나타나기 시작했다.

일단 나는 모든 것에 잠재적인 흥밋거리가 있다고, 가치들이 층층이 잠복해 있다고 생각하기 시작했다. 지금까지 한 줄로 늘어선 가게들을 보면 서로 구별할 수 없는 하나의 크고, 불그스름한 덩어리라고만 생각해왔다. 그러던 것이 이제 건축학적인 신분을 드러내기 시작했다. 꽃가게 주위에는 조지 시대의 기둥들이 있었다. 정육점 꼭대기에는 빅토리아 시대 말기 고딕 스타일의 이무기 돌들이 있었다. 식당은 추상적 형체들이 아니라 식사하는 사람들로 만원이었다. 유리로 전면을 덮은 사무실 1층 회의실에서는 사람들이 몸짓을 섞어가며 토론을 하고 있다. 누군가 사무실 천장에 달린 프로젝터로 파이 도표를 비추고 있다. 그 건물 건너편에서는 한 남자가 보도에 콘크리트를 부으며 가장자리를 조심스럽게 다지고 있다. 나는 버스에 올라타, 나의 개인적인 관심으로 바로 빠져드는 대신에 상상 속에서 다른 승객들과 관련을 가져보려고 했다. 내 앞줄에서 오가는 대화가 들렸다. 어딘가의 어느 사무실에 있는 누군가가—서열이 아주 높은 사람인 듯하다—상황을 파악하지 못하고 있나 보다. 그는 다른 사람들이 비능률적이라고 불평을 하지만, 그 자신이 그런 비능률을 얼마나 조장하는지에 대해서는 전혀 생각을 해보지 않는다. 나는 도시의 여러 층에서 동시에 진행되고 있는 삶의 다층성에 대해서 고민해보았다. 나는 여러 가지 불평들의 공통점들—늘 이기심이 문제이고, 늘 맹목성이 문제이다—을 떠올려보았고, 우리가 다른 사람들에게 불평한다는 것을 다른 사람들도 우리에게 불평한다는 오래된 심리학적 진리를 생각해보았다.

나의 관심이 새로 깨어나면서 동네에 사람들이 생겨나고 건물들이 재규정되기만 한 것은 아니었다. 이곳에 관한 생각들이 축적되기 시작했다. 나는 이 지역에 퍼져나가는 새로운 부富에 대해서 생각해보았다. 그리고 철도 아치가 왜 그렇게 내 마음에 드는지, 스카이라인을 가로지르는 고속도로가 왜 그렇게 내 마음에 드는지도 생각해보려고 했다.

혼자 여행을 하니 좋다는 생각이 들었다. 세상에 대한 우리의 반응은 함께 가는 사람에 의해서 결정된다. 우리는 다른 사람들의 기대에 맞도록 우리의 호기심을 다듬기 때문이다. 그들은 우리가 어떤 사람이라는 특정한 관념을 가지고 있을 수도 있으며, 따라서 우리의 어떤 측면이 나타나는 것을 교묘하게 막을 수도 있다. “나는 당신이 고가도로에 관심을 가지는 사람인지 몰랐는데.” 그들은 그렇게 위협적으로 주장할 수도 있다. 동행자에게 면밀하게 관찰을 당하고 있으면, 다른 사람들을 관찰하는 일이 억제될 수도 있다. 또 우리는 동행자의 질문과 언급에 맞추어 우리 자신을 조정하는 일에 바쁠 수도 있고, 너무 정상으로 보이려고 애를 쓰는 바람에 호기심을 억누를 수도 있다. 그러나 3월의 어느 오후에 해머스미스에 홀로 있으니 그런 근심이 없었다. 나에게는 약간 괴상하게 행동할 자유가 있었다. 나는 철물점의 창문을 스케치하기도 했고, 고가도로에 대한 ‘말 그림’을 그리기도 했다.

6

드 메스트르는 방의 여행자만이 아니었다. 그는 또 고전적인 의미에서 훌륭한 여행자이기도 했다. 그는 이탈리아와 러시아를 여행했고, 알프스 산맥에서 부르봉 왕조를 지지하던 군대와 겨울을 보냈고, 코카서스에서 러시아 군과 전투를 하기도 했다.

알렉산더 폰 훔볼트는 1801년 남아메리카에서 쓴 자전적인 글에서 이렇게 말했다. "나는 따분한 일상생활에서 경이로운 세계로 옮겨가고자 하는 불확실한 갈망에 자극을 받았다." 드 메스트르는 바로 이 "따분한 일상생활"과 "경이로운 세계" 사이에 더욱 섬세하게 선을 그어보려고 했다. 그는 훔볼트에게 남아메리카가 따분하다고 말하지는 않았을 것이다. 다만 훔볼트의 고향 베를린에서도 뭔가 볼 것이 있을지도 모른다는 생각을 해보라고 권했을 것이다.

80년 뒤에 드 메스트르의 책을 읽고 그에게 감탄했던 (그리고 자신의 방에서 많은 시간을 보냈던) 니체는 그 생각을 이렇게 밀고 나아갔다.

> 어떤 사람들은 자신의 경험—하찮고 일상적인 경험—을 잘 관리함으로써 그것을 경작 가능한 땅으로 만들어 1년에 세 번 열매를 맺게 한다. 반면 어떤 사람들—그 숫자는 얼마나 많은지!—은 운명의 솟구치는 파도에 휩쓸리거나 시대와 나라가 만

들어내는 혼란스러운 물줄기 속으로 밀려들어가면서도 늘 그 위에 코르크처럼 까다거리며 떠 있다. 이런 것을 관찰하다 보면, 우리는 결국 인류를 둘로 구분하고 싶은 유혹, 즉 적은 것을 가지고 많은 것을 만드는 방법을 아는 소수(극소수)와 많은 것을 가지고 적은 것을 만드는 방법을 아는 다수로 구분하고 싶은 유혹을 느끼게 된다.

사막을 건너고, 빙산 위를 떠다니고, 밀림을 가로질렀으면서도, 그들의 영혼 속에서 그들이 본 것의 증거를 찾으려고 할 때는 아무것도 나오지 않는 사람들이 있다. 사비에르 드 메스트르는 분홍색과 파란색이 섞인 파자마를 입고 자신의 방 안에 있는 것에 만족하면서, 우리에게 먼 땅으로 떠나기 전에 우리가 이미 본 것에 다시 주목해보라고 슬며시 우리의 옆구리를 찌른다.

부록

감사의 말

시몬 프로세, 미셸 허치슨, 캐롤린 더네이, 미리암 그로스, 노가 아리카, 니콜 아라지, 댄 프랭크와 올리버 킴펠에게 감사의 마음을 전한다.

그림 출처

pp. 11, 303 Hammersmith Broadway from London A–Z Street Atlas (Reproduced by permission of Geographers' A–Z Map Co. Ltd. Licence No. B1299. This product includes mapping data licensed from Ordnance Survey®. ©Crown Copyright 2001. Licence number 100017302)

pp. 11, 271 A Barbados beach(© Bob Krist/CORBIS)

p. 11 Portrait of Joris–Karl Huysmans(detail), photograph by Dornac (fl. 1890–1900) (Archives Larousse, Paris/Bridgeman Art Library).

pp. 14-15 Tahiti Revisited, 1776, oil on canvas, by William Hodges (© National Maritime Museum, London)

pp. 30-31 View of Alkmaar, c. 1670–1675, oil on canvas, 44.4×43.4cm, by Jacob Isaacksz van Ruisdael, Dutch (1628/9–82) (Ernest Wadsworth Longfellow Fund, 39.794. Courtesy, Museum of Fine Arts, Boston. Reproduced with permission. ©2000. Museum of Fine Arts, Boston. All Rights Reserved)

p. 43 Charles Baudelaire, c. 1860, photograph (©Hulton–Deutsch Collection/CORBIS)

p. 43 Edward Hopper, c. 1940, photograph by Oscar White (© Oscar White/CORBIS)

p. 73 Automat, 1927, oil on canvas, by Edward Hopper (© Francis G. Mayer/CORBIS)

p. 76 Gas, 1940, oil on canvas, 66.7×102.2cm, by Edward Hopper (The Museum of Modern Art, New York. Mrs Simon Guggenheim Fund. Photograph ©2001 The Museum of Modern Art, New York)

p. 79 Compartment C, Car 293, 1938, oil on canvas, by Edward Hopper (© Geoffrey Clements/CORBIS)

pp. 82-83 Hotel Room, 1931, oil on canvas, by Edward Hopper (© Museo Thyssen–Bornemisza, Madrid)

p. 87 Gustave Flaubert, photograph (©Bettmann/CORBIS)

p. 94 Doors and Bay–Windows in an Arab House (detail), 1832, watercolour and pencil drawing, by Eugène Delacroix (Département des Arts graphiques, Louvre/Photo: ©RMN—Gérard Blot)

p. 109 Bazaar of the Silk Mercers, Cairo, lithograph by Louis Haghe after a drawing by David Roberts, from Egypt and Nubia, published by F. G. Moon, 1849, London (By permission of the British Library)

p. 111 Private Houses in Cairo, engraving from Edward William Lane's An Account of the Manners and Customs of the Modern Egyptians, 1842, London

p. 118 Women of Algiers in Their Apartment, 1834, oil on canvas, by Eugène Delacroix (Louvre, Paris/Photo: ©RMN—Arnaudet; J. Schormans)

p. 124 Gustave Flaubert in Cairo, 1850, photograph by Maxime du Camp (Photo: ©RMN—B. Hatala)

pp. 133, 138 Alexander von Humboldt and Aimé Bonpland in Venezuela (detail), c. 1850, oil on canvas, by Eduard Ender (1822–1883) (Brandenburgische Akademie der Wissenschaften, Berlin/AKG London)

p. 151 Esmeralda, on the Orinoco, from Views in the Interior of Guiana, engraved by Paul Gauci (fl. 1834–1867) after a lithograph by Charles Bentley (1806–1854) (Stapleton Collection/Bridgeman Art Library)

p. 154 Alexander von Humboldt and Aimé Bonpland at the Foot of Chimborazo, 1810, oil on canvas, by Friedrich Georg Weitsch (Staatliche Schlösser und Gärten/AKG London)

pp. 156-157 Géographie des Plantes Equinoxiales, from Tableau physique des Andes et Pays voisins, 1799–1803, by Alexander von Humboldt and Aimé Bonpland (©Royal Geographical Society)

p. 167 William Wordsworth (detail), 1842, oil on canvas, by Benjamin Robert Haydon(By courtesy of the National Portrait Gallery, London)

pp. 184-185 The River Wye at Tintern Abbey, 1805, oil on canvas, by Philip

James de Loutherbourg (1740–1812) (Fitzwilliam Museum, University of Cambridge/Bridgeman Art Library)

p. 196 Kindred Spirits, 1849, oil on canvas, by Asher B. Durand (Collections of the New York Public Library, Astor, Lenox and Tilden Foundations)

p. 203 Map of Egypt(detail), from Arthur Penrhyn Stanley's Sinai and Palestine, published by John Murray, 1859, London

p. 203 Edmund Burke (detail), 1771, oil on canvas, by Sir Joshua Reynolds (By courtesy of the National Portrait Gallery, London)

p. 203 Job (detail), oil on canvas, by Léon Joseph Florentin Bonnat (1833–1922) (Musée Bonnat, Bayonne/Lauros/Bridgeman Art Library)

p. 206 Rocky Mountains, Landers Peak, 1863, oil on linen, by Albert Bierstadt (Courtesy of the Fogg Art Museum, Harvard University Art Museums, Mrs William Hayes Fogg. Photographic Services ©2001 President and Fellows of Harvard College)

pp. 208-209 An Avalanche in the Alps, 1803, oil on canvas, by Philip James de Loutherbourg (Tate, London. ©Tate, London 2001)

p. 210 Chalk Cliffs in Rügen, c. 1818, oil on canvas, by Caspar David Friedrich(Oskar Reinhart Collection, Winterthur/AKG London)

p. 231 Self–portrait (detail), 1886/7, oil on artist's board mounted on cradled panel, 41×32.5cm, by Vincent van Gogh, Dutch (1853–1890) (Joseph Winterbotham Collection, 1954.326 The Art Institute of Chicago. Photograph ©2001, The Art Institute of Chicago, All Rights Reserved)

pp. 231, 246 Cypresses, 1889, pencil, quill and reed pen, brown and black ink on wove paper, 62.2×47.1cm, by Vincent van Gogh (Brooklyn Museum of Art, Frank L. Babbott and A. Augustus Healy Funds. ©2001 Brooklyn Museum of Art, New York)

p. 247 Wheat Field and Cypresses (detail), 1889, black crayon, pen, reed pen and brown ink on paper, 47×62.5cm, by Vincent van Gogh (Van Gogh Museum, Amsterdam/Vincent van Gogh Foundation)

p. 251 Olive Grove: Orange Sky, 1889, oil on canvas, by Vincent van Gogh (Collection Rijksmuseum Kröller–Müller, Otterlo)

p. 256 'The Yellow House' (Vincent' House), Arles, 1888, oil on canvas, by Vincent van Gogh (Rijksmuseum Vincent van Gogh, Amsterdam/AKG London)

p. 269 Sunset: Wheat Fields near Arles, 1888, oil on canvas, by Vincent van Gogh (Kunstmuseum Winterthur, Winterthur. ©2001)

p. 271 West India Docks from London A–Z Street Atlas (Reproduced by permission of Geographers' A–Z Map Co. Ltd. Licence No. B1299. This product includes mapping data licensed from Ordnance Survey®. ©Crown Copyright 2001. Licence number 100017302)

p. 271 John Ruskin(detail), 1879, watercolour, by Sir Hubert von Herkomer (Courtesy of the National Portrait Gallery, London)

p. 284 Study of a Peacock's Breast Feather, 1873, watercolour, by John Ruskin (Collection of the Guild of St George, Sheffield Galleries & Museums Trust)

p. 287 Branches, drawing by John Ruskin from John Ruskin's The Elements of Drawing, 1857, London

p. 288 Velvet Crab, c.1870–1871, pencil, watercolour and bodycolour, on grey–blue paper, by John Ruskin (Ashmolean Museum, Oxford/Bridgeman Art Library)

p. 294 Clouds, engraving by J. C. Armytage after a drawing by J. M. W. Turner, from John Ruskin's Modern Painters, Vol. 5, 1860, London

p. 297 Alpine Peaks, 1846, pencil, watercolour and bodycolour, on three joined sheets, by John Ruskin (Birmingham Museums and Art Gallery)

p. 303 Le Comte Xavier de Maistre (1764–1852)(detail), engraving by Baron de Steuben (Photo: ©Roger–Viollet)

다른 모든 사진은 저자 알랭 드 보통이 찍은 사진이다.

개역판 역자 후기

이번에 새로 책이 나오게 되어 원고를 손질하면서 보니, 이 번역서가 처음 출간된 것이 2004년이다. 거의 10년에 가까운 세월이 흐른 셈이다. 『일의 기쁨과 슬픔』의 서문에 드 보통이 집을 샀다는 이야기가 나오는데, 까맣게 잊고 있었지만 이번에 보니 『여행의 기술』에는 “나도 내 방을 여행하려고 했지만, 간신히 침대 하나가 들어갈 만한 공간밖에 되지 않기 때문에” 드 메스트르의 여행 기술을 적용할 수 없다는 이야기가 나온다. 정말로 세월이 흐르긴 흐른 것이다. 물론 드 보통은 그동안 집만 산 것이 아니라 여러 권의 책을 썼고, 작가로서 자리를 확고하게 잡아 경제적 불안만이 아니라 지위에 대한 불안도 상당히 해소한 듯하다. 또 단지 자리만 잡은 것이 아니라 여전히 좋은 글을 쓰고 있고 또 앞으로 더 좋은 글을 써나갈 것이라고 믿는다. 그럼에도 옮긴이에게는 여전히 털을 바짝 세운 듯한 까칠함이 느껴지던 그의 초기작들—그 가운데 이 『여행의 기술』을 빼놓을 수 있을까—이 준 인상이 강렬하게 남아 있다. 세월 탓인지 이제는 그 까칠함조차 살갑게 다가오는 것이 달라진 점이라고나 할까. 그때 쓴 “역자 후기”를 보니 독자들에게 그 까칠함을 어떻게든 해명하려고 안간힘을 쓰는 모습이 보여 웃음이 새어나오고, 더불어 빳빳한 털을 최대한 부러뜨리지 않고 우리말로 옮겨오려고 부족한 능력으로 애쓰던 모습이 떠올라 안쓰러운 마음이 들기도 한다—그렇다고 지금은 능력이 나아졌다는 이야기는 결코 아니지만. 아무쪼록 여행을 사랑하고 생각하는 많은 사람들, 젊은 알랭 드 보통과 더불어 그 시절의 자신을 그리워하는 오랜 독자들, 또 새로 드 보통을 접하고 아프게 찔리게 될 독자들에게 이 책이 여러 모로 자극이 되기를 바란다.

2011년 11월

정영목

초역판 역자 후기 : 왜 나는 여행을 하는가

『여행의 기술』은 옮긴이가 만난 알랭 드 보통의 두 번째 책이다. 첫 번째 책『왜 나는 너를 사랑하는가』를 보면서, "참 색다른 친구다" 하는 생각을 했는데, 이번 책을 보면서 그런 느낌이 더 강해졌다. 하나 더 보태자면, "참 색다르고 예민한 친구다" 하는 생각이 들었다고나 할까.

『왜 나는 너를 사랑하는가』가 책—머릿속에 든 책을 포함하여—을 들고 나눈 사랑의 이야기라면,『여행의 기술』은 책을 들고 다닌 여행의 이야기라고 할 수 있겠다. 우리에게 낯익은 약간은 신경질적이고, 약간은 염세적인 분위기도 변함이 없다. 알랭 드 보통은 세상을 편히 살기에 적합하지 않은 그런 우울한 기질을 가지고 있으면서도, 묘하게도 책읽기를 통해서 그런 대로 살 길을 열어나가는 것처럼 보인다. 그만큼 그의 독서 경험은 일상의 미세한 경험과 밀착되어 있으며, 또 그 미세한 경험들이 책을 쓴 저자의 내밀한 부분을 대단히 예민하게 포착해낸다. 그래서 그의 글 역시 솔직하게도 그 두 가지 경험이 엇갈리며 직조되는 과정을 그대로 드러낸다. 적어도 옮긴이가 꼼꼼하게 읽은 두 책에서는 그러했다.

여행에 대한 책 이야기를 하면서 약간은 뜬금없어 보이는 이야기를 하는 것은 일단은 독자에게 저자인 알랭 드 보통의 개성에 대해서 약간의 사전 정보를 제공하고자 하는 의도에서이다. 아마 이 책을 읽어나가면서 독자들이 드 보통이 하는 이야기 못지않게 드 보통이라는 사람에 대해서도 어떤 식으로든 상당한 감정을 가지게 될 것이기 때문이다. 그런 면에서 보자면, 이 책은 아주 훌륭한 여행 에세이라고 말할 수 있겠다. 또 하나 의도는 이 『여행의 기술』 역시 "왜 나는 여행을 하는가"라는 부제를 달아도 손색이 없을 만한 글이라는 것을 알려주자는 것이다. 세상에는 비싼 돈을 들여 아까운 시간을 쪼개 여행을 하면서 "왜 나는 여행을 하는가"라고 질문을 하는 사람도 있는 것이다. 며칠만 못 봐도 조바심을 내면서 "왜 나는 너를 사랑하는가"라고 묻는 사람이 있듯이. 그런 질문이 삶을 더 윤택하게 해주는지 피곤하게 만드는지는 독자가 판단해야 할 것이다. 어쨌든 『여행의 기술』은 적어도 그런 질문이 가능하다는 것을 인정하는 사람들을 위한 책이다.

책에 나오는 워즈워스의 『서곡』 부분을 번역해준 이화여자대학교 영문학과 박찬길 교수에게 감사한다.

2004년 7월

정영목

인명 색인

게이-뤼삭 Gay-Lussac, Joseph Louis 144

게인즈버러 Gainsborough, Thomas 268

고갱 Gauguin, Paul 236

고드윈 Godwin, William 182

고흐 Gogh, Vincent van 236–245, 248–249, 252–255, 257–259, 261, 264–265, 268

구르스키 Gursky, Andreas 265

그레이 Gray, Thomas 212, 219

니체 Nietzsche, Friedrich Wilhelm 146–147, 242, 264, 317

다게르 Daguerre, Louis Jacques Mandé 282

다 빈치 da Vinci, Leonardo 59

다윈 Darwin, Charles Robert 144

덕 Duck, Stephen 267

뒤르켐 Durkheim, Émile 33

뒤 캉 du Camp, Maxime 97, 110, 117, 120–121, 123, 125, 127–128

드레이크 Drake, Sir Françis 306

드 루테르부르 de Loutherbourg, Philip James 205, 268

드 메스트르 de Maistre, Xavier 305–310, 314, 317–318

드 퀸시 De Quincey, Thomas 172–173, 177

들라크루아 Delacroix, Ferdinand Victor Eugène 47, 92, 119

디킨스 Dickens, Charles 18–19

디포 Defore, Daniel 266

라블레 Rabelais, François 95

라이엘 Lyell, Charles 144

라 콩다민 La Condamind 137

라플라스 Laplace, Pierre Simon Marquis de 144

러스킨 Ruskin, John 275–283, 285, 289, 291–293, 295–296, 299–

300
레인 Lane, Edward 110, 114, 131
렘브란트 Rembrandt, Harmensz van Rijn 27, 240
로베스피에르 Robespierre, Maximilien 182

마젤란 Magellan, Ferdinand 306
만테냐 Mantegna, Andrea 12
모네 Monet, Claude 240
모라 Mora, Juan Gómez de 142, 144
몽골피에 Montgolfier, Joseph Michel 306

바이런 Byron, George Gordon 92, 175, 201
버크 Burke, Edmund 213–215, 220
번즈 Burns, Robert 267
베데커 Baedeker, Karl 19–20
베로네세 Veronese, Paolo 12
베스푸치 Vespucci, Amerigo 137
벤데르스 Wenders, Wilhelm 265
벨라스케스 Velázquez, Diego Rodríguez de Silva 239–240
보들레르 Baudelaire, Charles Pierre 46–51, 55–56, 63, 66, 68, 74, 298
보즈웰 Boswell, James 266
볼네 Volney, C. F. 122
부갱빌 Bougainville, Louis Antoine de 137
부게 Bouguer, Pierre 137
비어슈타트 Bierstadt, Albert 205

사우디 Southey, Robert 178
샤르댕 Chardin, Pierre Teilhard de 122
샤토브리앙 Chateaubriand, François Auguste René de 144
샹포르 Chamfort, Nicolas 13
셸번 Shelburne, Lord William 267
슈발리에 Chevalier, Ernest 93, 96, 113
스미스 Smith, Thomas 268
스콧 Scott, Sir Walter 92

애디슨 Addison, Joseph 211, 219, 267
에머슨 Emerson, Ralph Waldo 136, 219
엘리엇 Eliot, Thomas Stearns 50
와일드 Wilde, Oscar 248

욥 Job 220–221, 225
워즈워스 Wordsworth, William 171–178, 180, 182, 189–191, 193–195, 197–198, 200, 204
위고 Hugo, Victor 91–92
위스망스 Huysmans, Joris Karl 17–18, 41
윌리엄스 Williams, Raymond 84
윌슨 Wilson, Richard 268

잠볼로냐 Giambologna 143
제이콥 Jacob, Hildebrand 211
조이스 Joyce, James Augustine 55
조토 Giotto di Bondone 240
존슨 Johnson, Samuel 266

치마부에 Cimabue 240

컨스터블 Constable, John 59
케일러 Keiller, Patrick 265
콜 Cole, Thomas 219
콜레 Colet, Louise 105, 112, 130
콜리지 Coleridge, Samuel Taylor 182, 194
콩스탕탱 Constantin,Jean-Antoine 241, 249, 258
(제임스)쿡 Cook, James 13, 136, 306
(토머스)쿡 Cook, Thomas 280
크롬웰 Cromwell, Oliver 36
클레어 Clare, John 267
클로드 로랭 Claude Lorrain 59, 249, 266

타카 Tacca, Pietro 143
톰슨 Thomson, James 267
툴루스-로트레크 Toulouse-Lautrec, Henri de 236

파스칼 Pascal, Blaise 204, 264, 305
페르메이르 Vermeer, Johannes 240
포르스터 Forster, Georg 136
포티에 Pauthier, Guillaume 122
푸생 Poussin, Nicolas 59, 249, 266
푸앵트뱅 Pointevin, Alfred le 127
프라고나르 Fragonard, Jean Honoré 241
프란체스카 Francesca, Piero della 59
프리드리히 Friedrich, Caspar David 205
플로베르 Flaubert, Gustave 92–93, 95–98, 102–103, 105, 107–

108, 110, 112–115, 117, 119–123, 125–132, 238, 275

헌 Hearne, Thomas 268
헤이든 Haydon, Benjamin 171
호지스 Hodges, William 13, 16
호쿠사이 葛飾北斎 240
호퍼 Hopper, Edward 68–69, 71, 74–75, 77
후커 Hooker, Joseph Dalton 144
훔볼트 Humboldt, Alexander von 135–137, 139, 141–145, 149, 152–153, 155, 158–159, 161, 163, 305, 308, 317
휘슬러 Whistler, James McNeill 268